王小东

1939年1月出生。中国工程院院士、建筑设计及理论研究专家。生于甘肃兰州市，原籍山东平度市。1963年8月毕业于西安冶金建筑学院建筑学专业，毕业至今一直在新疆建筑设计研究院工作，历任技术员、建筑师、高级建筑师、副总建筑师、院长、名誉院长。现任新疆建筑设计研究院资深总建筑师和中国建筑学会常务理事，同时任新疆大学、新疆艺术学院兼职教授，西安建筑科技大学博士生导师。

近50年来，长期在新疆从事建筑设计和理论研究工作，主要设计作品有乌鲁木齐烈士陵园、库车龟兹宾馆、新疆友谊宾馆三号楼、新疆昆仑宾馆配楼、北京中华民族博物馆新疆景区、新疆博物馆、新疆地质矿产博物馆、乌鲁木齐红山体育馆、新疆国际大巴扎、库尔勒康达大厦等，分别获过新疆维吾尔自治区、住房和城乡建设部、中国建筑学会的优秀设计奖。2005年以建筑创作的个人成就获得国际建协（UIA）颁发的罗伯特·马修奖（改善人类居住环境奖）。2007年获我国建筑师的最高荣誉奖——"第四届梁思成建筑奖"。主要著作有《中国古建文化之旅—新疆篇》、《伊斯兰建筑史图典》、《西部建筑行脚》、《新疆50年：王小东水彩画集》、《喀什高台民居》、《绘读新疆民居》等，在学术刊物上发表学术论文数十篇。

图书在版编目（CIP）数据

王小东／本社编 .——北京：中国建筑工业出版社，2014.12
（建筑院士访谈录）
ISBN 978-7-112-17464-5

Ⅰ.①王… Ⅱ.①本… Ⅲ.①王小东－访问记 Ⅳ.①K826.16

中国版本图书馆CIP数据核字(2014)第256369号

丛书策划：王莉慧　郑淮兵
责任编辑：郑淮兵　马　彦
书籍设计：肖晋兴
责任校对：李欣慰　赵　颖

建筑院士访谈录
王小东
本社　编
赵勤 整理

*

中国建筑工业出版社出版、发行（北京西郊百万庄）
各地新华书店、建筑书店经销
晋兴抒和文化传媒制版
北京顺诚彩色印刷有限公司印刷

*

开本：965×1270毫米　1/32　印张：$5^{3}/_{4}$　插页：4　字数：240千字
2015年3月第一版　　2015年3月第一次印刷
定价：30.00元
ISBN 978-7-112-17464-5
(26117)

版权所有　翻印必究
如有印装质量问题，可寄本社退换
（邮政编码　100037）

建筑院士访谈录

王小东

本社　编
赵勤　整理

中国建筑工业出版社

编者的话

院士作为我国最高层次学术水平的大专家,在各个行业都有代表。细分之后,专注于建筑领域的院士仅仅数十人,涵盖了建筑设计、结构、文化等多个领域,每个人在其专业领域中可谓学术之集大成者,有着丰富的人生阅历、专业经验以及学术积淀,而我们多数人都仅仅看到院士们的成功,看不到院士们为此付出的努力和艰辛。如何展示院士成功背后不为人们所知的故事,展示其生活和工作中的甜酸苦辣,就成为丛书的源起和旨归。

从现实角度考量,这些院士们大多年事已高,且依然承担着纷杂的专业事务,有的甚至还站在专业事务的第一线,承担着繁重的科研和设计任务。如果约请他们以一种严格的著书立说的方式来呈现,是院士们难于承担,或者说不愿意承担,且承担不起的难题。这不仅不现实,也是不近人情的安排。有鉴于此,我们采取了较为灵活的方式,首次选取了我国10位从事建筑学研究和建筑创作的院士,在他们匆忙的事务活动中,见缝插针地安排了面对面的采访,通过问答的形式,配以同期录音和录像,在尽可能少地占用院士们的时间(一般一个院士也仅仅采访一两天的时间)的情况下,完成资料的采集工作。之后，经过我们的精心整理，补充资料，就成了目前这一套《建筑院士访谈录》。

丛书力图通过人物肖像摹写的方式向读者展示院士们真实的工作和生活，真实地表现院士们喜怒哀乐，原原本本地展示院士们的真性情，以及他们最富于启迪性的一面。是国内首次以访谈录的形式展示建筑学院士创作与思想的丛书。

以下揭橥本书的意趣：

——我们不讨论身份、称号还有荣誉，我们不塑造光辉高大的形象，我们希求以最为朴素的文字和并非精心安排的方式，还原各种平淡无奇却意味无穷的工作与生活！

——我们不宣扬成功学，我们不寻求关键的锁钥——虽然我们并不惮于讲述成功的故事，更不是呈献励志的心灵鸡汤，我们倾向于寻迹每一个脚印，还原人生点滴，以至微至细的人生本真，逼近普通而真实的成功！

——我们关注现实情怀，关注认真和专注的态度，还有每一种伟大背后的真实内涵！

沈元勤

中国建筑工业出版社社长

目 录

第 1 章　学生时代　　　　　　　　　10
　　　　　小时候　　　　　　　　　11
　　　　　大学时代　　　　　　　　17

第 2 章　"文艺青年"　　　　　　　32
　　　　　书画爱好者　　　　　　　33
　　　　　文学青年　　　　　　　　36
　　　　　建筑师的素养　　　　　　42

第 3 章　来到新疆　　　　　　　　　48

第 4 章　非"地域性建筑师"　　　　70

第 5 章　建筑设计　　　　　　　　　92
　　龟兹宾馆　　　　　　　　　　　　93
　　中华民族园·新疆馆　　　　　　　100
　　红山体育中心　　　　　　　　　　106
　　新疆地质矿产博物馆　　　　　　　110
　　新疆国际大巴扎　　　　　　　　　117
　　喀什老城　　　　　　　　　　　　131

第 6 章　建筑师与市场　　　　　　136

第 7 章　院士印象　　　　　　　　156

第 1 章

学生时代

小学、中学的大门，原来是孔庙，现在是文物保护单位了

小时候

采访者：您有着怎样的童年和少年时光？那些日子对您后来的生活产生了怎样的影响？

王小东：现在想来，我的童年和少年时光还是很幸福愉快的。虽然在我很小的时候父亲就去世了，我喜欢读书写字却是深受他的影响。而母亲对我的性格影响是比较大的。

我父亲是山东人，在辛亥革命之前教书，辛亥革命以后他到德国留学了几年，具体专业我却不知道。

北伐战争的时候，他参加了冯玉祥的西北革命军，后来到了西部，参加西安到兰州的西兰公路建设，当年抗战的时候，苏联给中国的大部分的物资都从这个路上过来。

1939年元月我出生在兰州，当时是抗战时期，日本人轰炸，没有办法生活，所以就离开了兰州。那时我父亲，对当时的社会有点灰心，他离开官场在甘肃的静宁住下了。

我们一家人随着他来到静宁。这是一个历史文化名城，民国

左边的门是我上小学的教室,右边是父亲的教师室

前有个著名的阿阳书院就在静宁。他在静宁中学教书,我在他教书的学校小学部上学。当时那个学校是比较有名的。现在那个中学还在,并且是甘肃省历年高考升学率最高的几个学校之一。

还没有等我上到中学,在我8岁时,我父亲就去世了。

当时静宁中学有很多外地老师,学校的环境也特别好,读书的教室是由一个孔庙改造的,校园里有牌楼、月牙池、前殿后殿、孔子大殿七十二贤,旁边是文昌阁、文昌庙,我就是在这个环境里读书并长大的。

如今学校叫静宁一中,不叫阿阳书院了。当年的孔庙还在,现在已经是省文物保护单位,院里原先的那个牌楼是文物,我上小学一年级第一天进学校的房子也还在。前几年我回到当年的学校,很多老房子还在,我还拍了很多照片。

当时孔庙、文庙距离我家也就一二百米,因为我父亲在这里教学,我又在这里上的小学,所以对这个环境很熟悉。我等于是在传统文化环境里面长大的,当时学校的老师都是国学功底很深厚的知识分子,让我们这些学生受益匪浅。

高三时的教室

采访者：中小学时代对您影响最大的事情是什么？

王小东：学校的老师水平都很高，我的物理老师后来回到云南大学，是著名的教授；数学老师后来到西北师范学院当教授去了。教我们语文的老师是新中国成立前成都大学毕业的；历史老师是北大毕业的；这些人都是老先生了，书法、绘画各方面的国学基础都很深厚，授课之余，经常看见他们在办公室里画国画、写毛笔字，这些场景耳闻目染的浸润，使我从小就很喜欢中国传统的绘画、书法。这也是到现在我依然每天写毛笔字和绘画的原因吧！

说到底，我父亲还是一个读书人，虽然他去世得早，但在家里留下了很多书，我看书应该算是看得比较早，小学还没有毕业就看完了四大名著，懂了多少不好说，但也算囫囵吞枣式地看完了。

我嫂子是中学的图书馆的管理员，图书馆就是孔庙祭祀大殿改的。因为学校离家近，并且嫂子又是图书管理员，那个图书馆等于就是我的了。寒暑假我就从图书馆里把书抱回家去看，图书馆藏书很多，所以在少年时代，我看了不少好书。

记得第一次看见的英文版小说，是《金银岛》，就我当时的中学

中学的实验室

英文水平，是没法读懂的，我翻着那本书，虽然很多单词不懂，但是真想看呀！看不懂怎么办呢，那就好好学英语呗！

父亲的书法也不错而且是用左手写的。在中学教书的时候，很多人都请他写字。前几年我回静宁的时候，还有人说：我还留着你父亲的书画呢！他给我拿来了，确实是我父亲的手迹，我和他协商，给了他些东西换回了我父亲的字画，这些字画如今保留在我家里。

静宁是一座小城，也是一座历史名城，周围有山也有河，其中有两座山上都是丁香。我小的时候很活泼调皮，做完暑假作业之后就在院子里画画、写字，这些都干烦了，就去爬山，经常几个人爬上山顶转转，捉只小虫子，拔朵不知名的野花，有时候也会跑到河边转转。

我从小没受过太多的苦，对我而言最难是我父亲去世了以后的那几年，但"土地改革"时，我的家庭成分是城市贫民，因为新中国成立前3年，父亲去世了，家里没有收入，就靠我父亲留下的一些储蓄，或者变卖一些东西度日。虽然清贫，但也算安逸。学校的环境优雅，历史传统也比较悠久，周围的自然环境很好，我家的院子

中学的图书馆,现在是书画展室

也很安静。

土改前我们住的院子更好些,里面种有好几株牡丹,还有一个小假山。"土地改革"的时候,又给我家和隔壁一家军属分了一个院子,一家一半,分别有前院、中院、后院。平常也没有什么人来,所以院子里面很安静,我自己一个人一间房,有书桌,有书。

可以说我小时候生活的环境是很传统的,文化氛围也很浓厚,父亲对我的教育比较开明,母亲和嫂子对我也是很宽松,任由我自己发展个性。

我在学校里喜欢运动,经常打篮球,当时我年龄小,和农村来的同学比扔铅球、铁饼,我扔不过,但我跑得比他们快。小学学习成绩在班里处于中等水平,中学刚开始成绩也一般,初中二年级临近放假的一天,我在球场上打篮球,有同学跑来叫我,说你快去看,这学期的考试成绩公布了,你是全校总分第一。我不相信,自己一看,果然是第一。当时我们的教导主任是成都大学中文系毕业的,他是我父亲生前的好朋友,他特别高兴,第二天就在全校大会上点名表扬我:成绩第一,品学兼优。自从给我戴了这个高帽子,我就开始认真学习,

上中学时的住房及院子

不再那么贪玩了。自此我的成绩一直是年级第一，初、高中毕业证书的编号就是按照分数排名的，所以我的是 01 号。

采访者：请谈谈您考大学时候的情况。

王小东：在中学时物理、化学、数学这几门课我学得还是比较好的，但是语文、历史、地理、美术课则更好，音乐学的也不错，可以说是个比较全面发展的学生。

高考后填报志愿的时候我很为难，文科、理科都不想放弃。选来选去，我填报了西安建筑工程学院建筑学专业。一方面，建筑学这个专业既是工科，又离不开艺术。此外还有一个很重要的原因，我哥哥部队转业复员以后，于 1956 年考上了西安外语学院的俄语系。我报考的这个学校是 1956 年由原东北工学院、苏南工业专科学校、青岛工业学院、西北工学院、几个著名学校的土木、建筑专业合并而成的。

2008年我、妻子、孙子和高中的同学合影

但当我到了西安以后,中苏关系有些紧张,西安外语学院撤销了俄语系。当时我哥哥想学中文,所以就转到兰州大学中文系,并在那里毕业。我主要是冲着哥哥去的西安,但结果还是我一个人在西安。

大学时代

采访者:您为什么选择了建筑学这个专业?

王小东:我从小就喜欢文学艺术,这倒是真的。但是理工学得也不错,当时我报大学志愿的时候,第一志愿是西安建筑工程学院的建筑系,学制6年,这也是一个很大的因素,我想6年应该学得不错。第二志愿是北京大学物理系,第三志愿是南京大学天文系。从志愿上你就可以知道我当时的志向。由于按第一志愿录取,第二、第三志愿就没有用处了。

1961年在西安和同班一个小组的同学合影

我是1957年考入西安建筑工程学院的,我们这一届的学生命运坎坷,1954年的时候,中国第一次动员上山下乡,1957年高中毕业的时候反右,当时招生一下子减少很多,那年只招了十万零七千人,这在新中国统一高考后是没有的。那年我们高中班上正式考上大学、第一批接到录取通知的只有4人,而且我是被第一志愿录取的。

当时西安建筑工程学院面向全国招生,所以我们班的同学多数来自全国各大城市,如哈尔滨、北京、广州、重庆、南京、上海、天津、济南、青岛、福州、兰州、合肥等。我们入学的环境也比较好,当时的建筑系里有八大教授,因为建筑学专业是东北大学创办的,是在国内高校中筹办较早的建筑系,梁思成任系主任,童寯等教授都在学校里教书,后来建筑学专业转到东北工学院,1957年搬到了西安,所以现在的西安建筑科技大学(1994年更名为此)的建筑学专业历史很悠久了。

当初入学的时候,我身上只有20块钱,但能有这些钱在当时也

1992年和侯继尧、李觉老师合影

已经很不容易了。报名前的那天，宿舍就我一个人住，第二天早上醒来浑身的汗，只能到澡堂去冲澡，洗澡之前我把那装着20块钱的外衣夹在被子里面了，等我洗澡回来以后，钱就被人偷走了，这下我一分钱都没有了，没办法，我只好硬着头皮去报名，负责报名那个人好像认识我，还说："噢，你来啦。"因为当时我身无分文，十分窘迫，负责报名的那个人说："这样吧，我先借给你20块钱饭票先用着。"那时候饭票可以买东西、发信，在学校里面都是通用的。就这样过了一个多月，学校给我评了一个十一块五毛钱的助学金，这是根据家里的收入情况来定的，那个时候家里很穷，我生活也比较节俭，所以一个月15块钱就足够了。1961年、1962年全国闹饥荒的时候，我正好在学校，虽然还是比较困难，好在没怎么太受罪。

直到现在我还记得，在西安我们学西洋建筑史用的玻璃制的幻灯片都是童寯先生当年从欧洲带回来的。学校历史深厚，老师的水平也很高，当年建筑系的八个教授都很著名。刘鸿典先生是国内著

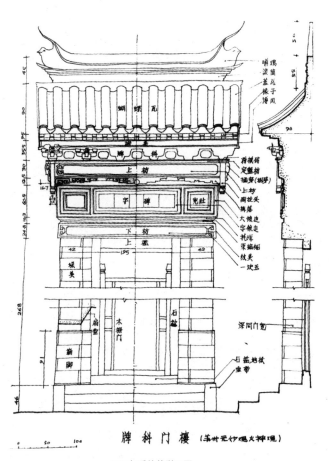

1963年手绘的学习图

20

名的教授，如今去世了；郭毓麟是东北工学院的建筑系的原系主任；还有美术老师胡粹中先生则是苏州美专最后的代校长，也是国内著名的水彩画家。

采访者：您还能回忆起来当时学建筑学画图的情形吗？

王小东：在学校里，老师对我们要求十分严格，包括测绘、建筑设计初步课等都要进行严格的基本训练。

前些天我到潭柘寺，又看见那个须弥座，这对我来说太熟悉了。想当初我是一笔一笔地把它描出来的，一张黑白的渲染图要画一个月。怎么画呢？天空要渲18遍，变调，就是拿滴管，浸墨，加水，慢慢拌，慢慢变着怎么加。在设计院就把那个蓝图背后拿铅笔一涂，然后用铅笔刻。在学校老师是不允许这样做的，他们要求我们拿大头针扎眼，然后再把这些点用铅笔连起来，再做渲染图。我们那时画一张渲染图需要一个月的时间，比黑白照片还精细。

采访者：当初老师给您留下印象最深的事情是什么？

王小东：教我们建筑设计初步课的助教是从苏南工专来的张文贤老师，他十分细心。有一次画渲染图，他要求天空变调渲18遍，我渲了不到10遍，自以为有效果了，就跑到资料室去看书去了。那个图书资料室很大，资料也全，世界名画特别多，我正在翻看世界名画，他进来后把我拽回到教室去，说：你的天空没画完。我说画完了，他说你每渲一遍我都记下了，还不到18遍。为此我十分佩服老师的认真和严谨。给我留下了深刻记忆的还有林宣先生，他是林徽因的堂弟。我曾经写过一篇怀念他的文章，他教建筑史，那时我是学习委员，班

大学毕业合影

2013年9月毕业50年后的"建筑57"班同学在母校聚会

上有40多个学生，当时上课是没有课本的，用的都是高校中老师自己编的讲义。有一天刚发完讲义，林先生让我把讲义都收回来给他，我照着做了。后来我收讲义的时候发现，厚厚的讲义里面，其中就有一页是模糊的，这一页模糊的讲义，完全是林宣老师和张似赞老师亲自抄写的。中国著名的教授给我们学生用手抄讲义，当时我很感动。我觉得我很幸运，遇到那么多的老教授，而且都是前辈。给我们讲园林的彭野、郭毓麟也是中国建筑界的老前辈。

我刚入校时，发现有几个同学的素描比我好。我是从小地方来的，没有经过正规的训练，我的中学老师没有教给我素描。从大城市考来的那几个同学，都是经过美术培训的，他们画得好。当然我觉得我自己的悟性好，一开始的时候我的素描不怎么样，到了最后，也赶上去了。

到画人像之前我就好些了，我感觉到不只是在纸上画，好像在拿铅笔在石膏上刻，所以老师说不错，有一张爱奥尼柱头的素描，一直到了1973年，我到学校去的时候，还在素描教室镜框里面挂着。

采访者：您的思路有什么不一样的？

王小东：我没有什么思路，但是在学习上面，我觉得我还是可以的。大学的后期，我是班上的学习委员，学习还算可以。

老师对我也不错，但是我也有一点个性，就是我做课程设计的时候，我想我的，不去看别人的，总是第一个交作业。有些同学很乖巧，他做的时候并不着急，尤其是在画渲染图的时候，他看别人怎么画，吸取别人的教训，然后最后一个交图，但是后来我发现，

1961年在彭野教授带领下做城市规划课程实习：临潼市规划

这样的同学反而出息不是太大。

  建筑学专业的学生是很难培养的，一个学校如果没有深厚的底子是培养不出来好学生的，同样没有好的老师也不行，我们很少上大课，主要是老师带学生做各种课程设计，一个老师最多带10个人。比如说旅馆设计，先讲旅馆设计的基本知识，然后参观，接着就做方案设计，期间老师进行指导，一直把设计做完。其他如工业厂房、剧院、商店、城市规划、园林等的课程设计我们做得也比较多。因为我个性比较强，所以一些老师也对我有意见，如在做和平剧院设计时,我的渲染图效果不错,就剩下天空没有画,快下课了,辅导我的刘静文老师说你现在不要画了,明天上课我来了以后你再画吧,我看着你画。建筑学的学生从来是晚上加班,那天晚上我看见了苏联的画家约干松的一幅油画,图中的天空乌云滚滚,我用两个小时把这个天空画上去了。第二天早上刘老师来一看呆住了,半天她才说,这样吧,你这次成绩我还是给你优,但是你在寒假能不能把这个渲染图再画一遍。当时已经快要放寒假了,但后来在寒假里没有再画那个天空,开学后,我的这门成绩就从"优"变成了"良"。

系主任刘鸿典是中国建筑学界的泰斗,我画毕业设计的效果图的时候,画了一片草地,但我自己觉得这个草地太单调了,就又画了被锯后的树桩子。他说你画一个树桩子有什么用,洗掉吧。后来我就在树桩上又画了几根树枝,第二天他又来看了,说叫你洗掉,你怎么没洗?我说它长出新枝叶啦!他在别的教室就说那个王小东,我让他改他不改。现在我想起来还怪难为情。他85岁的时候给我写了一幅字,现在还在我家里挂着。

对刘鸿典老师还有一件事,我觉得我对不起他。那年陕西省住宅设计竞赛,让我做了一个方案,他指导的。他说我做的方案开间不统一,可能评不上。我认为应以功能为主,开间不统一,但使用起来方便。他说你不改我也做一个吧,他连夜画了一个开间统一的方案一起送过去了。结果我这个得了一等奖,他的那个是三等奖。当时刚好是1959年,学校里面正在批判老师,拔白旗。学校就把我叫去,说学生超过了教授,让我写东西,我们如何把这个方案做得超过了教授,我没办法只好写了一篇设计过程。如今一想起来这个

建筑系主任刘鸿典前辈

事情，我就很后悔。

那年我回学校去参加迁校 50 周年的活动，学校方面让我发言，当我说起我能记住当时建筑学的所有老师的名字，有人很吃惊。我很感谢我的母校，学校有很好的师资力量，很好的环境，我在学校整整 6 年时间里，学到了受益终身的学问。

采访者：回忆您在大学时代学到的知识以及当时的老师们，对于您日后的工作有很大的帮助吗？

王小东：系主任刘鸿典、教授工业设计的郭毓麟老师、教初步设计的朱葆初老师、教园林的彭野老师、教民用建筑设计的黄民生老师、教规划的李觉老师和胡粹中、王振华、闫剑锋老师等，他们治学严谨，都给我留下了深刻的印象，他们也都关注着我后来的建筑生涯。张似赞先生现在已经 80 多岁了，还在给学生上课。

当年在学校我还是比较有个性的，所以这些老师也没有忘记我。1957 年入学的时候，我们建筑五七班的学生都是从全国各地筛选出来的，我们班比较调皮捣蛋，在学校都有名。但我们班的学生学习也很好，可惜的是后来大部分同学被分入工业设计院工作，若非如此，应该会产生一些很有名望的建筑大师吧。

采访者：大学时代所学的专业课程对您现在的工作影响大吗？您最喜欢什么课程？最不喜欢什么课程？

王小东：我喜欢的还是美术课，美术课我们上到了大四，素描、水彩，还有雕塑课，这些都上了，其中素描和水彩的时间长，和美术学院教的时间差不多一样。

工作后，我一直在画画，这次我出的画册里面，有意识地放了几张我在大学时的作品。最不喜欢的课是电气照明。建筑物理我还喜欢，建筑物理热工也好，音响也好，这些我都愿意学，就是建筑照明那门课我最不喜欢了，又是勒克斯、流明，计算光照，特烦。还有建筑预算课我也不喜欢，从单位估价做起，然后估算表，最后做预算。6年中上了30多门课，上学的时候认为有些课没有啥意思，但现在我觉得学学还是有好处的。现在的建筑学学生都不学那么多了，我们当时是把所有的专业基本上都学过了，结构、木结构、砖混结构、钢筋混凝土结构，我们还做过课程设计，包括给水排水、暖通，都做了。现在在工程设计中遇到阻力平衡，热力计算，什么管线布置等，我们都是清楚的。我觉得我们当初上大学学的综合全面，包括了建筑施工我们也学了，吊车开行路线，车间柱子怎么摆，吊车怎么进，然后进度表、管理表、施工组织计划怎么做都学了，所以六年还真是非常必要。这对一个建筑师都是必备的知识。现在很多的大学，把建筑学专业从四年都改成了五年，因为建筑学这个专业要学的东西太多了。就是上完五年建筑学专业的大学生，在工作以后要做设计的时候,还要学。比如说医院现在就是一个大课题,现代化医院是无止境的,你要做医院的设计还是拿着50年前老的参考资料,这是两个完全不同的概念。以前的医院不主张搞多层,病房不能做多层的,原因是病人上不去,那个时候没有想到变化如此之大。乌鲁木齐的医院,最早二三层的楼房是坡道,动过手术的病人转移楼层是将病床从坡道推上去的。现在的观念都改了,那么要学的东西太多了。

和过去相比,剧院概念也都变了,博物馆也是,包括住宅,什么都变了。我们这个专业变化是很大的,不像教数学的微积分,一辈子教微积分给学生,教案变化不大。建筑学上的信息、知识天天在变,知识更新特别的重要,其实到现在我还是在不断的学习。

学校的课程有喜欢的也有不喜欢的,但是总的来说我认为是有必要的。

采访者:能否回忆一下您的母校西安建筑工程学院?

王小东:西安建筑工程学院的学生有一个特点,就是吃苦能干。1958年全国大炼钢铁,我们学校的校长甘一飞,原来是陕西省委宣传部的部长,他对政治要求比较严格。我们学校在当时曾是轰动全国的体育红旗院,高校的体育红旗院要4个100%,是劳卫制一级、二级、三级运动员,普通射手必须要达到100%,有病的要医生开证明,最后贺龙亲自给学校颁发了一面"全国体育红旗院"的锦旗。

我还得把这个学校名称的变化说一下,不然你们搞不清楚,一入学是西安建筑工程学院,按建校顺序是老八校里面的第七名,老八校最后一名是重庆建筑工程学院,1958年大炼钢铁的时候,冶金部还没有一个土建学校,就把我们学校交给冶金部管理了,于是就

大学水彩课第一次室内写生作业

把学校改名为西安冶金学院,改名后学校也有了冶金专业、采矿专业、计算机专业等,可是实际上主要还是土建专业。后来大家有意见,说这个西安冶金学院名不副实,本来是国内老资格的一个土建学院,只叫冶金学院不好最后又改为西安冶金建筑学院,这样还不好,因为要评估的话我们主要还是土建,然后在十年前总算改成了西安建筑科技大学,所以说这个学校的名称的顺序是西安建筑工程学院、西安冶金学院、西安冶金建筑学院、西安建筑科技大学。校名的变迁对学校的发展影响很大。

我觉得大学生活也很有意思。刚入学的时候吃饭不要钱,到食堂里面吃完了就走,这样的"共产主义"实行了两个月就又开始发饭票了。饭票是一张白纸,上面印着"五分钱"等字样,在学校里这个饭票可以到邮局发信、到小卖部买东西、或者是理发、洗澡等。用饭票在食堂打饭是不分主食和副食的,甲菜、乙菜、丙菜,甲菜一毛五,乙菜是一毛,丙菜是五分钱,一个人的生活费十几块钱就足够了。当时我们有助学金，甲级的助学金是13.5元，乙级的助学金是11.5元，我一直是11.5元的乙级助学金。

我哥哥在兰州大学读书，我嫂子一个月的工资四十多块钱，一个月给我寄来五块，但在那个时候这些钱已经不错了，我一个月大概就花费十四五块钱，换做别的专业的学生，这些钱也就够了，但是建筑学的这个专业费钱，水彩颜料、水彩纸，画渲染图的各种笔、碗碟等都要花钱。

当时的生活虽然困难和艰苦，但还是过得下去的。但在1960年情况就糟糕了，那时每人是36斤的定量，但是不知道为什么，总是吃不饱，饿肚子，慢慢地实行了主食和副食制，最后干脆一个宿舍为单位，八个人一组拿八张饭票打份饭，一盆菜，一盆馒头，小馒头三个或者四个，然后一起吃。1961年，1962年的冬天最难熬了，好几个同学都身体浮肿了。肚子吃不饱，又冷，宿舍不供暖，教室供暖，我们就赖在教室不想回宿舍，在教室里靠看书、画画度过时间。

学校生活比较艰苦，衣服也是家里缝制的，那个时候没有尼龙袜，母亲就在我的棉线袜子上加了厚底，从家走的时候带上五六双这样的袜子。家里穷，也没有多少钱做路费，我两年暑假回一次，母亲就把那袜子再补了，再带一堆袜子来。鞋子也是母亲和嫂子做的布鞋。我最早在学校穿的一件体面一点儿的外衣是我母亲给我缝的蓝色的"列宁"服。

冬天脚上穿着家里做的大棉鞋，身上也是家里做的那种棉衣棉裤，大部分学生都是这么穿着，也没有谁特别在意这种事情。我们那时候的学生有什么穿什么，对于生活中的艰苦也都能忍受，没有什么抱怨。

毕业前在北京实习，我没有钱，是同学借了我 30 块钱，还有一个表兄弟资助了我一些。不然在北京实习一个月，吃饭、上街坐公共汽车都要花钱，我都不知道要怎么办。

西安建筑工程学院的学生能吃苦，基本功也比较扎实。学校对我们要求比较严，现在学校的校室展览馆依然还有我们当年的一些作业。

第 2 章

"文艺青年"

书画爱好者

采访者：您到现在还喜欢写字画画，请问这些对于您的建筑创作有什么影响？

王小东：我从小就喜欢写字和画画，我特别喜欢美术课和作文课。在作文课上我每次都觉得好像没怎么动脑子就写完了一篇作文，而且总是高分。我们美术老师国画画得好，上课时就把丰子恺的漫画画在黑板上，说："你们照着画吧，画完了自己上色。"说不清楚为什么，我特别的喜欢那种笔墨在纸上涂涂画画的感觉。我父亲也是一个书法家，从小我就看人家怎么画国画、写字，看老师怎么写字，也评价这个老师的字写得好不好，那个是颜体还是柳体。

我之所以学建筑学也是这个原因，在大学时我的水彩画在班上应该是不错的，毕业的时候很多同学拿走了我的一些画作。

到新疆以后，那些异域风情撩拨着我，也画了很多作品。周末和节假日我就背着画夹在乌鲁木齐的大街小巷写生，但很可惜，其中绝大部分的画作被人要走了。若非如此，我画的乌鲁木齐可以作为这座城市当年的见证。

现在这个画册里面留了几幅当年的作品。我觉得所有的艺术是相通的，包括建筑艺术、哲学、历史、文学、书法、绘画等。我甚至专门啃过一本《音乐美学概论》，音乐是抽象艺术，建筑也是抽象艺术，我想探讨它们对艺术形式的表达。这些年我练习书法，到现在为止我甚至有那么一个感觉，在书法和绘画中，书法比绘画还难，是无止境的，书法和建筑也有相通之处。

现在建筑学有些同仁认为我水彩画画得好，其实我只是个业余

大学水彩课室外写生作业

爱好者。

新中国成立以后，当时国内一流的著名水彩画家都在建筑院校，吴冠中在清华、李剑晨在东南大学、潘思同在同济、我们的老师胡粹中从日本留学回来后一直在苏州美专，后来也到西安建筑工程学院教书。作为建筑学的学生，我觉得有绘画功底是理所当然的。中国很多水彩画家都曾经在建筑学院里执教，在50年代、60年代画效果图不是现在用电脑，也不是水粉。水彩的渲染要求很高，但是渲染图又和水彩画不一样，所以我在绘画里面尽量避免渲染图效果，因为渲染图有一点匠气，就是要画得逼真。但其实绘画和渲染图艺术创造是不一样的。

直到现在我也在练习书法，除了喜欢，也是因为工程院有一个书画社，它经常搞一些活动，活动上就有摆好的宣纸、毛笔什么的，让你现场写字。原来我自己以为自己写得还算可以，去年11月在西安的时候，因为在碑林的书法活动，让我们现场写字，我也就写了，结果还被印了出来，我自己看看，很不好意思。自此以后，我一直在练书法，现在写得肯定比去年好多了。

采访者：是，我看您现在的字比先前的字提升了很多。

王小东：他们上次把我们当场写的字和画印成了画册，这个刺激了我一下。我想我不能每次都写成这样，不然的话搞一次活动出一本书，这都是第三本书了，我怎么能拿出这样的字见人呢？工程院在香港搞了个院士书画展，我拿去的都是水彩画。但是书法是要练的，在长沙的一次活动，也是叫我现场写字，我一看这真的不好意思了，只好逼着我自己练习。我发现练书法也有好处，平心静气，

1979年在自己"筒子楼"的家中

人可以静下心来,可以探讨艺术的无穷尽,以前我觉得谁知道书法家写的是好还是差。我现在慢慢地感觉到了,真正好的书法家不多,现在大家写字主要还是以行草为主,要出类拔萃太难了。但是我觉得有好处,我可以静下心来,就我的性格来说可以静,也可以热闹,如果让我一个人待在一个地方三五天不说话,独自干我自己的事情也可以做到。

文学青年

采访者:建筑艺术是门综合性的艺术,其他很多艺术形式都会对建筑创作产生影响,包括文学,请问,您的文学爱好是怎么样的?对于您的创作有影响吗?

王小东:我喜欢读书可能与从小生活的环境有关系吧。20世纪50年代我读初中的时候,我家那个院子只有两家军属,对面一家军属两个儿子都参军了,家里只有一个儿媳妇,一个小孙子。我们家

2012年在香港参加了"科学与艺术书画展",在展出会场留影

也只有我母亲、我嫂子、还有一个小侄女,在院子里的男性里面我是最大的。因为人少,也都没有什么说话的机会,所以很自然地也就能耐得住寂寞,也是那时候养成了练字、画画、看书的习惯。我觉得练字、绘画、看书都可以让我对艺术有更深入的了解,尤其对建筑艺术。

我看的第一本小说是《说岳全传》,什么天下大乱岳飞出世于汤阴县,又是牛皋什么,看着很热闹。我父亲有一本《战国策》我也很喜欢看。尤其到了中学以后,整个图书馆仿佛是我的,我喜欢看的书,以文学作品为主,当时基本上能看到的世界名著以俄罗斯和苏联的居多,包括《战争与和平》《当代英雄》《安娜·卡列尼娜》等,给我印象特别深刻的是《静静的顿河》有上中下三本,我几天就看完了。

但也有正在研究某一个问题时,就去看艺术史、关于艺术的书。有的时候甚至于会看一些哲学和历史的书。现在我的书架里面还有一本康德的《判断力批判》。

其实上学时我主攻过美学,在"文化大革命"以前我们国家美学著作就有3本,一本是朱光潜的,一本是一个苏联专家写的《马

1980年搬进58平方米的新居，图中是女儿和儿子

列主义美学》，再有一本就是1962年出版的，也是苏联的《马列主义美学》（上下册），这几本书我都很认真地看过了。

每一个艺术都有维持它自己本身的独特生命力，这是很重要的。在《马列主义美学》里面，特别强调美的功能性，强调它的社会服务。它说少女可以歌唱失去的爱情，但商人绝对不会歌唱他失去的金钱。我对美学的思考一直没有中断，可惜我们现在大家都不提美学了，过去咱们国家研究美学比较早的学者朱光潜，我喜欢看他的书。我对建筑理论、建筑美学、哲学、艺术史也比较喜欢，也喜欢看一些回忆录，所以我的书架里面书很杂。

到新疆以来我重点收集有关新疆的历史文化书，这些书不一定能看完，有的人到我家里面来，他问这样的外行话，"这些书你都看得完吗？"如果是小说，我看完了，但工具书如《丝绸之路大辞典》，我用的时候才去查，《中国通史》平时也不看，只有查资料的时候才用，书到用时方恨少啊！

最近我为写乌鲁木齐的城建史，又翻了十几本书，从乌鲁木齐的汉代、唐代以来怎么发展，从乌拉泊怎么发展，现在历次的城市规划，有的时候看一个上午的书，最多只能写出一二百字。有关读书，我是个杂家。曾经有一段时间，我主要以阅读文学作品为主，而现在小说看的很少了，就是有的时候大家都说这本书很不错，我就买来看看。诺贝尔奖获得者莫言，或者土耳其的那个写了《我的名字叫红》，还有《荒野侦探》我就看不下去。

我睡觉前必须要看书，但我又经常出差，所以电子书很方便，并且内容也五花八门，从史记到唐诗三百首，到现在最流行的网络的各种小说，连《甄嬛传》都有，愿意看什么就看什么。现在买书不多，那次买了村上春树的《1Q84》，看完了以后，我始终没有明白，大家评价那么高啊！像《追忆似水年华》我真的看不下去，《战争与和平》那么厚我看完了。我很早就买了《百年孤独》，但看了好几次都没看完，包括《十字交叉的花园》我算看完了。拉美文学，我也喜欢。雨果的书我看了不少，巴尔扎克写的书我都愿意看。还有我喜欢看梅里美的书，喜欢斯蒂文生的《金银岛》，后来我总算买到了《金银岛》的原作，享受性地读完了。到现在我孙子都受我的影响，他经常冒出一句：来一杯朗姆酒。因为我有的时候说来杯朗姆酒，我孙子都知道有朗姆酒了。

现在阅读的口味是在变化的，有一段时间我正在研究新疆历史，我就可以把有关新疆史的书看下去，不研究的时候就放下不看了。现在我把有关丝绸之路的书都买了，查资料还是可以的，但是真正静下心来把一本书整整读完的时间没有了。

水彩画《春水》（2009年）

2011年的水彩画《天光》

建筑师的素养

采访者：我看您每天都会发微博，请问您对微博怎么看？您会坚持在微博上探讨您对于建筑的理解吗？

王小东：我是从2012年开始写微博的，当时是想把自己对建筑的思考，把平时想的最美的一些片断和情节记录在空间里。一段段记录下来，积少成多，觉得很有意思。就像泰戈尔，他也是一段一段写作的。

有关建筑的想法，我已经写了好几万字了。一开始我是想完全写建筑随想，第一个大题目是当代巴洛克，我从巴洛克建筑的出现和它的现象分析，比较当前我们国内的建筑创作，有很多历史相吻合的部分，有好的一面，也有恶劣的一面。巴洛克建筑是为宗教服务的，而现在我们的很多建筑为钱、权服务，丢掉了自己很多的东西。当然了，巴洛克由于动荡，所以视野开拓、幻想更加多一些，文学作品也是一样。我的微博写建筑与人，写建筑的变化，写了六七万字，目前是这样的，准备过一段再出一本《建筑微博》的书。

但是最近我觉得写不下去了，以后就当做一个人际之间的沟通吧，发一点照片，说几句话，挺有意思的，前几天我到故宫参观了没对外开放的那一部分，我照了几张照片，也都发到微博上了。来参观的13个院士聚在一起很难得，故宫博物院的院长亲自讲解，重点是故宫中没有对外开放的那部分。在一次学术会议上张锦秋院士说了一句话，她说："我还是主张现代建筑地域化，地域建筑现代化。"我觉得这个话也有道理，但我还想补充一点，就是建筑中现代和地域要共生。在我的微博中还有今年11月份在东南大学一次国际性的学术讨论，主要讨论当代中国建筑创作的现状。

写微博也可能是有周期性的，原来我一天必须完成四段，一段140个字，坚持了一段时间，到后来我把该说的都说得差不多了，又停下来了，也许以后过一段时间又会写。

有人说微信能替代微博，但我还是喜欢微博。我怕人家知道我是院士，在微博里面知道我的身份的人还是有一些，但是你千万不要把我的身份曝光出来，因为要是院士的话，这个事情就讨厌了，某某院士怎么说的，我就没有话语权了。

我觉得微博改变了很多人的生活，使人们更多地进行沟通，但是真正有分量的微博不是太多，所以我不太刷微博，只看看好友和特别关注的微博。对社会问题发太多牢骚也没多大用处，但是作为我个人来讲，我觉得微博可以帮助我记录一时的想法和思考。

原来我写东西用笔来写，现在已经习惯打字，最近这一篇万字左右的文章叫做《历史與图中的乌鲁木齐》，是我全部打字完成的，打字太方便了，修改复制粘贴，原先我怕影响思路，现在边写边改，基本上能一次成功。我那个画册的前言，也是一口气写完的。

其实我觉得微博不浪费时间，随时都可以发。今天早上我就发了一个有关奖杯的微博。这次开会的时候，突然想起，"金杯""金牌"这两个词都是从外国来的就像"干部"这两个字是日语来的，但是我们谁也不去想这个词是怎么从外国来的，孩子们对此也不去深究。如果当中国变成第一流强大国家的时候，我们的奖品不一定是金杯金牌，所以我就把故宫里面一个金香炉放到微博上面了，我说这个做奖品怎么样。其实是说，我们现在有很多固定的思维模式，对好些事情已经麻木了。

2013年在北京故宫参观，两院院士中的13位建筑与规划专业的院士难得地聚在一起

写微博不太浪费时间，主要是思考，有了想法，其实打字很快，微博让我练习了打字。今年要出几本书，画册已经完成任务了。

采访者：您最近有什么出版计划？

王小东：我有一本水彩画册已经出版了，还有一本就是《喀什高台民居》，500多页，东南大学出版社出版，有些错误需要修改，但是最近忙没有改过来，另外高台民居的模型都做出来了，要把模型的照片补进去。还想出一本钢笔画《新疆民居》，是对新疆民居语言的解读。这些年我去新疆的南部看了不少的民居，拍了大量的图片资料，非常有特点，我改成了钢笔画，和现在的现代建筑作了些比较，有些一简化之后，改成现代建筑，让大家看这些东西和现代建筑语言的联系。这个内容我已经画好几十幅钢笔画。再有可能，我把现在写的乌鲁木齐筑城史写成一本书，就是包括历史的记忆，图片很多，资料也全。

采访者：您平时看什么杂志和报纸？

王小东：我订的报纸很多，《乌鲁木齐晚报》《晨报》《新疆日报》《中国科技报》《光明日报》《中国科学报》等，但大多是翻翻，我现在唯一认真看的是《中国科学报》，它里面有时会谈到与建筑相关的一些东西，看完以后假如有感想，我会在微博里面写一下。杂志目前来说就两种，《三联》《看天下》，看它们就可以知道当前我们国内的热点在什么地方，《读书》杂志我以前每一期都看的，这本杂志是20世纪90年代中国知识分子的思想库。我还参加过一次《读书》杂志的座谈会，杨永生说："你能不能继续写点建筑？"然而后来我一看，他们的理论水平我们建筑根本就比不上，他们的思考都是很深刻的。

采访者：是，他们那个要偏重历史哲学社会学这些东西。

王小东：对，在1986年我曾经写过一篇文章，叫《文化对于建筑的拯救》。当时我就觉得良性社会发展最终要由文化来拯救，在这篇文章写成的半年之前，美国的《时代周刊》上刊登了著名评论家赫克斯台伯尔写的《处在十字路口的建筑》，其内容是说建筑师都陷入了不知怎么走下去的困境。我用这篇文章来回答赫克斯台伯尔提出的问题，就是文化对建筑空间的拯救。但是到后来，又有了进一步的想法，也就是我在中国建筑创作奖颁奖会上所说的话：一个建筑

2012年的水彩画《山雪》

师应该尊重人、尊重社会、尊重历史、尊重环境,而且应该有积极的价值取向和较高的文化素养,这也是我对一个好建筑师的评价。具体的来说,建筑师首先应该是一个热爱自己专业的人,不是仅凭着这个专业去挣钱养家糊口。像国外很多人的想法:这是我的职业,是挣钱的职业,这职业并不是我喜欢的,职业之外才有我喜欢的。所以很多欧洲人都不加班,他们认为是靠职业来谋生,谋生和生活是分开的。但是我觉得作为建筑师来说两者不能分开,你必须是热爱这个专业的人,这是首要的一点。

第二点,一个建筑师必须是一个文化人。他应该有比较高的文化素养,这个素养包括哲学的、历史的、艺术的、包括当代的很多的信息量,他应该是一个学者型的人。

第三点就是我刚才说的建筑师要懂得尊重人、尊重社会、尊重环境、尊重历史,要有正确的价值取向和鉴赏力。但我要补充第四点,就是特别要强调的:要尊重遵守自己的职业准则。这点太难了,现在做起来更难了，要尊重自己的职业准则，要抵制各种诱惑，而且还不要向权力和金钱屈服。我向很多年轻人谈这个问题的时候，他说：你可以，我做不到，你可以不做，你照样可以发工资，你可以过得不错，你是院士，我要不做，我将来怎么挣工资，我还养家糊口啊！

我们当年上学的时候，老师讲作为建筑师最根本的是为人服务。现在我觉得仍然要遵守为大多数人服务，而不是像巴洛克一样为宗教服务、为教会服务、为政府官员的政绩工程服务。要做到这点现在是很难的，对一个建筑师来说的确是一个考验。现在的房地产老板骗人，圈一块地，就开始命名这个园那个园的，房子盖好了以后，辅助设施都没有，商店也没有，幼儿园也没有，将这些都交给政府了。居民要买东西还需要坐很远的车。这些房地产商没有为大多数人服务。

第 3 章

来到新疆

采访者：请回忆一下当时您为什么选择到新疆工作？

王小东：在学校的 6 年，给我的结论是我这个人"只专不红"，白专道路，也不让我入团，其中有一个原因可能是因为他们调查了我父亲的历史，我父亲曾经当过军需少将，还在德国读过书。我的入团介绍人汇报的时候说我的思想反动，其实主要就是我对有些事情有自己的看法。1961年暑假我回家，了解到当时甘肃饿死了好多人。我回来在一次会上说了这个事情：三七开？有的地方不一定三七开，天灾人祸不一定三七开。最后这句话就变成了我对"三面红旗"的怀疑了。

1963 年毕业的时候，每一个人毕业鉴定的一句话就是拥护"三面红旗"，而我的毕业鉴定中却没有这句话，但是老师对我手下留情，写了"听党的话"。

西安冶金建筑学院这个专业和其他的"老八校"里面的南工、清华一样，都是 6 年学习制的。我 1963 年毕业，那时我们国家的经济形势好转了，工作很好分配。我们建筑学专业入学时有两个班，毕业时由于有些人转到别的专业去了，淘汰很厉害，所以两个班合成一个班了，最后毕业的时候只有 40 多个人。1963 年毕业时，分配方案北京大概要 15 个人，长沙要 14 个人，还有沈阳和昆明等省会城市。分配方案下来以后，相当一部分人很高兴，因为分配的工作全部位于省会城市，而我主动申请，选择了新疆。

当时北京有 3 个设计院，分别是黑色冶金设计总院、有色冶金设计院和冶金建筑研究院。我觉得从自己的爱好来说，学建筑的，不喜欢搞工业厂房，如果搞一辈子工业厂房的话，那我当初还不如报天文系、物理系。分配的城市中唯独新疆建筑方面要 3 个人，也

1964年毕业后在乌鲁木齐的人民公园水彩写生

没说具体工作，我觉得可能就是搞民用建筑。学建筑学的一般喜欢搞民用建筑、住宅、剧院、图书馆、博物馆、体育馆等等，因为这些都比较有意思，所以我的第一志愿就报了新疆。另外两个同学没有报，但是也被分到新疆来了，两人的老家分别是兰州和西安。

记得1963年9月份的时候，火车刚通过乌鲁木齐，但是需要在兰州转车。当时我们3人一起到的兰州。到兰州以后，我们还到了兰州那位同学的家里做客。他母亲就问我们，说你们是不是犯错误啦，把你们分到新疆去了。我那个同学说不是，他说你问问小东，他还是班上的学习委员，而且新疆是他的第一志愿。

到兰州后，因为这两个同学还有点儿事，所以我就一个人先去了新疆。我也没多少行李，当时以书为主，也就20多公斤，行李、被子都不要了，只有很简单的换洗衣服，然后就打了一个包，背了一个画夹就上了火车。在火车上有一个老头儿问我为什么去新疆。那个时候我年轻，就说高中毕业没考上大学，就到新疆去找工作。

他就劝我别去了，说新疆冬天冷夏天热，受罪的很。他很好心地劝了我一路，最后我到哈密就下了车，以后就再也没见到他了。

采访者：当时到新疆之后的情况还记得吗？

王小东：那时候年轻，生活的艰苦都无所谓。当时也想过，到一个新的地方，哪怕是一个小县城让我一辈子做规划设计，然后把城市建起来也是很有意思的一件事。我到了新疆以后，市场上的东西供应很全，比西安都好多了，所以我来了以后首先到市场上买床单、买被子、买布，记得当时我去五家渠买白布，人家还给搭配一堆擦脸油，都不要布票的。而且在新疆很有少数民族风情，我觉得很有意思。

我去报到时，建工局人事处的处长问我，你去兵团还是地方？我毫不犹豫的说我要到兵团设计院。因为当时的名称是中国人民解放军生产建设兵团，我不懂，看着那个名字就这么说了。结果他说，搞设计还是去地方好一些。我说那我就去地方设计院吧。现在看来是对了，兵团设计院后来在"文化大革命"前后闹得很凶，人员都散了，我们另外一个同学最后就是分到了兵团设计院，待了不到一年，就去支援西藏了。如果当年我也去了兵团设计院，也会去支援西藏的，那就没有现在的我了。

当时乌鲁木齐建筑不多，比较重要的建筑也就二道桥的一个3层的百货商店、南门剧场，还有一个八一百货大楼，而当时的天山百货商场是一个1层的平房，大十字那都是平房。在光明路上，兵团司令部那里有一个3层楼，而我们设计院有两栋3层楼，一个是老的建工局，一个是设计院。

因为按当时的国家规定，从1963年起，凡是高校被分配的毕业

乌鲁木齐亚洲地理中心标志塔（1998年）

大学生必须劳动锻炼一年再上班。记得我们毕业的时候在西安交通大学大礼堂里面听了周恩来总理的一个录音报告。周总理在最后提出来，大学生毕业以后必须要劳动锻炼一年。报到后，我在建工局设计院呆了一个月，接着就被分配到水文地质队打井劳动，11月底的时候又被分到了一建锻炼，就是现在的建工集团新疆第一建筑工程公司。

我去的工地是新疆八一农学院，并参加了两个餐厅的施工劳动，一个民餐、一个汉餐，现在都还在。我们从最基础的干起，推沙子、挖勺、油漆、抹灰等等各种工种都干了，一直干到第二年的夏天。当时分配到设计院建筑学学生有六个人，我还是组长，管过6个人。星期五不劳动，是业务学习时间。平时白天劳动，晚上看书，星期天画画、锻炼身体、学外语。

我在那个时候看了很多英语的简写读物，如《双城记》《鲁宾逊漂流记》等，《金银岛》也是第一次看的。现在我的英语阅读能力还可以，但是听力太差，主要是当时没有那个环境，所以对于我们这一代人来说是非常遗憾的，现在的人知道语言首先就是听，其次是说、读、写，我们倒过来了，所以英语是一个半吊子水平。

现在回想起来那段时间，我觉得很单纯。那时候别人跟我说大学和社会不一样，社会是很复杂的，我到现在也没有太多的体会。我现在唯一的一点体会是，社会不复杂，官场太复杂。

有人问我你后悔不后悔一辈子待在新疆？我说我后悔什么，什么都是我自己挑的，我当初完全可以不到新疆来，我们班没有分出去的学生最后都到了长沙。因为我从小受环境的影响喜欢这个专业，考大学这个专业是我第一志愿，毕业分配到新疆是我第一志愿,我没有什么后悔。人这一辈子,应该要做一点事情,当时真没有想到我的物质生活将来会怎么样,要挣多少钱等等。当初我们班上有一个女同学,家庭环境很好,毕业时她就跟我说,难以想象她将来的生活里,没有钢琴、没有保姆、没有别墅怎么办?我说我就没有这样想过。到了新疆设计院,去工地上劳动了一年,锻炼让我熟悉了整个的建筑过程。从开始的放线、瓦工、木工到最后的收尾,新疆军区司令部办公楼整个的全过程我都参加了。回设计院以后,领导看我仿宋字写得好,就把我放在标准组了,我太后悔了,我觉得标准组是画标准图的,不是做设计的。

很快"文化大革命"就开始了,"文化大革命"以前我做的项目不多,主要做标准图。标准图就是住宅、食堂、还有建筑详图。不过这样也好,到了后来我觉得这段时间对我很有好处,尤其是锻炼了我画详图的能力,很多的建筑师画详图觉得是一个难关,但对我来说特别的容易。我在工地待过,又在标准组待过,在"文化大革命"之前我做的最大的项目就是乌鲁木齐的西北路旁一个小汽车修理厂,在当时也算是不错的工业厂房了。

采访者:您设计的第一座建筑是什么?您对这个作品满意吗?

王小东:在"文化大革命"前后也做了一些设计,但都是一般的办公楼、工业厂房、食堂等。真正承担比较有意义的项目是乌鲁木齐烈士陵园,对于这个项目我很认真。记得当时是1973年,为了这个项目,我访问了林基路烈士爱人、陈潭秋烈士爱人,还有毛泽民烈士的爱人朱旦华。也跑了很多地方,甚至还找了董必武,请董老给烈士陵园题词,当时董老已经90多岁了。在当时新疆很少有人做

新疆友谊宾馆3号楼侧面

花岗岩大理石,为了寻找一整块的大石头墓碑,我当时几乎跑遍了全中国,先到大理,几经辗转,最后到了北京房山。那个时候有一个好处,就是听说给毛泽东的弟弟毛泽民做墓碑,一路都是绿灯,到处都帮忙。最后就在北京的房山,总算找到了6米长的汉白玉,之后陆续又找到了几块。三位烈士的墓碑都是整块的汉白玉做成的。当时我们在设计时候不像现在,花岗岩可以现场切磨啊什么的,那时候不一样,每一块石头都得画出来,哪一面磨光哪个面有榫头都得画出来,然后在北京建筑艺术雕塑厂进行加工。当时做天安门纪念碑的一些老人在北京留下来,我在北京看着他们把一块一块的石头加工好,然后运到了乌鲁木齐。在乌鲁木齐安装时我每天骑自行车到烈士陵园,整整一个夏天我都在那儿,最后终于顺利建完了烈士陵园。记得当初汇报设计方案的时候我设计的是由10朵汉白玉雕雪莲花组成的花圈。当时的自治区领导司马义·艾买提很关心,他看花圈的时候赶快数,数完之后说:"噢,还好不是12朵,12朵的话呢有人要找你的麻烦"。"文化大革命"期间,在新疆一个6、一个12是很忌讳的。因为当时国民党的党徽是12个瓣,6是指盛世才的六大政策。尽管烈士陵园的工程不大，但我觉得是一个创作，也参与了全过程。那时经常做梦，梦到建成后的样子。

烈士陵园这个项目竣工后也在刚刚复刊的《建筑学报》上发表了。我的一些作品，基本上都在《建筑学报》上发表过的。我做完一个工作就要总结一下，做的时候不要随便对付，所以基本上我大部分作品都发表过了。

采访者：烈士陵园这个工程的顺利完成是不是意味着您从此正式开始了建筑设计的职业生涯呢？

王小东：也可以这样认为。自从烈士陵园项目顺利完成后的10年间，也就是从1973年至1983年，我陆陆续续做了一些项目，如新疆友谊宾馆三号楼、昆仑宾馆、新疆人民会堂方案设计等，也做了一些详图和标准图，反正那个时候是比较忙的。到了1984年初，我被任命为主任工程师，到1984年5~6月份成为设计院副总工程师，到8月份又当了总工办的主任，11月就成了设计院院长。这一年变化太大了！我11月份到北京出差回来，下了飞机后坐民航的班车，老伴去接我，她跟我说，听说上级要让你当院长呢，我说不可能，等我回到单位上班后也没特别在意这个事情。第二天早上，我在单位门口忙着扫雪，有人通知我说，总公司让你去一下。去了一看，院长这个职务都任命好了。总公司说，这个任命是通过一系列民意测验、投票、考核等程序后确定的，还说我的票数比较高，大家都选我，局里经过详细考察，最终确定了任命，并让我挑选副院长和院长助理。我说干不了，还是搞技术工作比较合适。当时赵锐（王恩茂的警卫员，老革命了）跟我说，你还是干吧，我们都考察了

新疆友谊宾馆3号楼入口外景（1985年）

新疆友谊宾馆3号楼局部

新疆人民会堂设计渲染图（王小东绘1984年）

好长时间了。要不这样吧，你先试试，干不了再说。我说好吧，就先试试吧。所以，我在接受新疆建筑设计院院长的任命后，就接着挑选了副院长、院长助理，他们这些人在第二天第三天就也接受了任命，就这样我糊里糊涂地当了院长。从1984年11月份开始一直到1999年的12月份，当了16年的院长。

采访者：院长是个行政职务，您又是如何在院长和建筑师之间找到平衡的呢？

王小东：我当院长时比较放手，一般都交给助手去管，财务上我有主管财务的副院长，一般不超过5万的报销，我都不管，由主管院长决定。有些人舍不得签字的权力，而我却不这样认为。比如我只管盖房不管分房，分房有工会和职工代表，由他们制定方法，由他们打分分房。所以，我这个院长干得还是比较轻松的。

在当院长期间，我也没放弃自己的专业。在刚当院长的期间，曾经是我院副院长的阿不来提·阿不都热西提当了自治区主席，他对我比较了解。所以有一次他到我院，在两个班子的会上，我提出自

新疆昆仑宾馆新楼客房室内设计（1984年）

己1/3时间搞管理，1/3搞研究，1/3时间从事建筑创作。他在会上很支持我，并要求两个班子的领导也支持我这样做。所以在当院长期间我并没有放弃建筑业务，这也是我的万幸。这16年的时间里，我还陆续做了一些建筑创作，如库车龟兹宾馆、塔指石油基地、吐哈油田基地的规划等项目，也写了不少建筑学术论文。但实际上院长的职务也耗费了自己的不少精力，对建筑创作还是有影响的。

采访者：不当院长后建筑创作情况是不是好了？

王小东：是的，只有不当院长并于2000年成立了自己的工作室之后才能全心全意地投入到建筑创作中来。

最近几年我做的几个建筑，是对建筑创作的继续探讨。一个是喀什市吐曼河边上中坤集团的一个旅游度假村，这是我在喀什市对现代和地域相结合的一个实践。也就是说，既是现代、又是地域的东西。这组建筑群主体大部分都完了，现在已进入装修阶段。我觉得他们完全和喀什老城呼应，融为一体，并且是现代的，总共有10万平方米。我把他们设计成喀什的风貌，有大街，也有小巷，也有过街楼，但都是现代的东西。里面有商店，有客栈、公寓，等于一个小喀什城。这是一个探讨，目前还没完全建完。去年有一次去看，他们在窗洞上加了欧式窗套，我急了，立刻给专员打电话，我说你们不能这样做，如果加了那种窗套，不伦不类，大家的心血就白费了。我对这组建筑还是抱有希望的，10万平方米的二三层楼在喀什建成后，大家会说，我们新喀什可以用这种风格来建造。既现代，也保有地域的传统。

另一个是喀什老城保护和高台民居的抗震与风貌保护。喀什是历史文化名城，但地震频繁。在上个世纪初曾经发生过一次八级的地震，绝大部分的房子都倒了。但那时候喀什人少，消息封闭，现在也不知道死亡人数。但2003年伊朗巴姆地震，死了接近4万人。国家给了10亿投资要解决喀什抗震的问题。当时还没提到风貌保护。但喀什是历史文化名城，你要解决抗震，必须考虑风貌保护的问题。从2000年开始，进展很慢。他们把这笔钱先主要用于改造道路，搞市政，但针对老房子该怎么做，人们不知道怎么办。2008年，国家发改委、建设部、新疆政府组织了专家评估组，就对国家投入的10个亿花的怎么样了进行一次中期评估，我是专家组的组长。在那个会上我就发现国家10个亿花下去，老城区的抗震威胁并没有解决。后来我问他们，大家最关心的是现在如果是因地震房子倒塌死人，你们怎么办？北京建研院的一个工程师说我们认为要抗震加固。我就问，那你现在有没有抵抗8.5度的抗震加固具体的方案和措施设计？他说还没有。其实谁也提不出来。土块房，木头土块房要能抗8.5度地震，这可能吗？这是个什么概念啊！他接着说了一句话：建议能不能把老城区的抗震的级别降低一下。我当时不高兴了，我说在座的有专员、市长，你们有谁敢说把这个抗震级别降低？谁也不敢说，我说既然谁也不敢说，你抗震加固这句话就是空的。国家发改委一个处长问我怎么办？现在拆也不能拆，人又搬不走。会后回到乌鲁木齐，我向自治区专家顾问团申请了4万块钱，然后我就派了工作室5个人，在喀什选了一个点，调查了40多家，并进行了测绘。从调查的结果中我发现了两个问题：一是平均每户建筑面积超过100平方米。二是平均每户的占地面积超过100平方米。这种结果出乎意料，因为大家原来的概念是老城区人口多、建筑密度大、拥挤不堪。但按现在的调查结果看，用不着搬迁，原地恢复就行了。然后我做了改造方案，基本思路就是就地拆除、恢复原样、每户一设计。但在恢复的时候，用砖混结构，通过设计能够抵抗8.5烈度的地震。同时把上下水、燃气供电等现代化的东西都加上，当然对道路要稍微调整一下，适当拓宽一些。第一次做的方案，到后来行不通，虽然这40多家每户面积没有变，原来100平方米，现在还是100平方米。但户型变了、位置变了，居民就不同意了，要求在原宅基地上改，我们按他们的意见做了，这个研究成果在当时起了很大的作用。原来喀什搞的方案，叫做"十三条道路"，就是把沿街建筑拆掉，盖一些所谓的具有民族形式的三四层的楼房，并把老民居圈起来已经开始设计施工，原来最早的喀什地区书记主持这项工作。我为此去了喀什，下了飞机，直接找到他。我说这样下去不行，后代人会说我们犯罪。拆完了沿街的房子，主要的道路是宽一点了，然后沿街盖上二三层或三四层的楼房，加些所谓的民族形式的东西，有些房子甚至贴上了欧式的符号，历史文化名城就完了，而且对于被圈在里面的老民居来说地震威胁依然存在。他听我说完

建成后的新疆人民会堂（1985年）

新疆昆仑宾馆新楼（1985年）

了以后就说，其实我们两个人的意见是一致的。我想，既然你说了这个话，那就照我的想法做吧。回到乌鲁木齐，我就把我关于喀什老城民居改造的构想，做了个本子。这个本子的主导思想是：就地拆除，照原样恢复，装修交居民自理。

最早按照他们的想法拆房子盖沿街楼的时候，需要把民居搬迁到安置楼。搬迁时当地的一些工作人员，帮助维吾尔族人搬房子，搬到新的楼房里面去，这些工作人员中有人穿了迷彩服，此事被美国等外媒知晓后进行了报道，说喀什千年历史名城毁于一旦。国内的一些人也搞了一个保护喀什历史文化名城的签字运动。《纽约时报》也采访了喀什市副市长，这下闹得全世界都知道了。最后联合国教科文组织派人来了解情况。刚好那个时候，我的喀什老城改造的文本完成了，喀什市政府就拿着这个本子，把我的想法给联合国教科文组织的成员讲了后，得到了联合国教科文组织的认可。后到了发改委、建设部汇报，就是以这个文本为依据的。2008年钱正英又给温家宝写了封亲笔信，温家宝当时就批了20个亿，加上第一次的拨款总共有30个亿，再加上自治区地方筹资，总共70亿。就按照我的这个想法和思路对喀什老城进行改造。当时自治区党委书记王乐泉有个批示，说总算找到了一条道路。为了试点我们选择了原来测绘过的阿霍小区，作为正式的施工点。但做的过程中就发现，老乡们根本不愿意动自己的宅基地，他原来这个形状的，一厘米也不让。我们说为了省钱，两家合用一个墙，居民也不同意，你是你的墙壁，我是我的墙，连基地都要分开。当然给他们加上厨房、厕所、上下水和天然气这些设施他们愿意。所以我们工作室的维吾尔族女建筑师帕孜，在那儿待了两个月，为每家做了方案，每家可以签三次字，改三次。最后都没意见了，然后我们就开始施工，施工主体结束后，交给住户，自己进行装修，楼梯、门窗、屋顶卷等都是居民自己做。喀什老城改造就是要这么认真做下来的。但是到了现在，喀什老城抗震及风貌保护工作进展很慢。最根本的原因是，按这样的方法，国家拿出来几十个亿，只有老百姓得到好处，政府得不到好处，开发商得不到好处，所以他们不积极，就拖。去年之所以完成了一条街的施工，是因为温家宝要去视察，他一下飞机就直奔改造的那一部分去了。

70个亿的预算，摊到老百姓家里一平方米300元都不够，那钱都干了什么？施工队层层转包，到现在我都不明白怎么回事。最后干脆就一直拖到现在。高台民居的抗震改造与风貌保护方案是我主持完成的，目前没有任何进展，只是说要对现有的民居加固保护，又回到了10年前了，谁能让那些土木结构的老房加固能抵抗8.5度的破坏烈度？眼看着高台民居一家家垮掉、消失，心中真不是个滋味。我在微博里面多次提到如果用"抗震加固"四个字拖延，一旦发生了地震，这些人要承担责任的。现在问题是，自然倒塌，他们就没责任了。下场雨倒塌几家，最后塌完了交给房地产商了事。但现在不是十几年前了，国家为了喀什人民的生命安全专门分出了几十个亿。到头来还是用"抗震加固"来搪塞，太不负责任了。最近我在新疆卫视台的采访中说，2000年前如果喀什地震造成那样的伤亡，政府可以说没什么责任的。可现在国家投入几十个亿就是为了保护当地群众的生命安全。如果现在地震造成伤亡，这些人是要被问责的。不知他们意识到了没有。

我们在高台民居很认真地一家一户的测绘，最后还要把它们

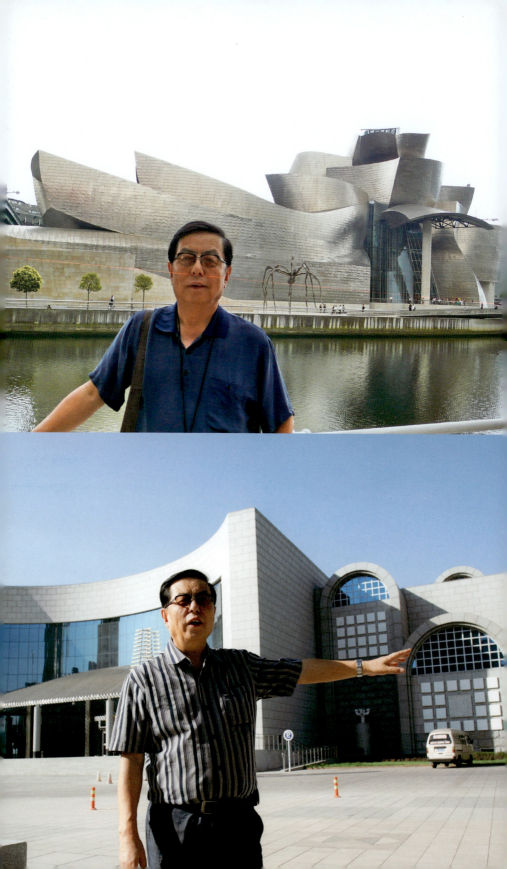

合起来，在计算机里面三维建模一点不能错，错了就闭合不到一起了。测绘完了以后做了方案，还由设计院掏钱做了高台民居的模型，模型中浅色的是新的部分，深色的是原来的恢复的。

据我所知，目前世界上还没有如此规模的民居测绘、数字模型资料。我觉得这项工作绝不亚于搞一个几十万平方米的高楼大厦。有人问我像你现在是院士，应该做些大的很吸引人的项目，你在喀什这样做，后不后悔？我说我不后悔，这牵涉到千万人的生命安全和历史文化名城风貌的延续问题，意义很大。这项工作到现在还不能被人理解。我在《建筑学报》上对此专门发表了两篇文章，就是为增加舆论力度。《建筑学报》也很支持这项工作，一般来说，在《建筑学报》上发表稿件不容易，但这个稿子当月寄过去，第二个月就见刊了。

近几年我做的另一项工作是乌鲁木齐城市特色的研究。成果有六七百页。总共有7章，从城市性质、城市定位、城市格局、自然历史环境、历史文脉、城市建筑、绿化、公共空间、建筑小品、建筑色彩、建筑照明、空间照明等方面，结合乌鲁木齐的具体情况，提出了创建城市特色的建议。为了使其具体落实到管理环节上，建立了一个形成城市特色的数字化框架，并有相应的子系统，可以在数字化信息的基础上对城市特色实行动态管理。这项成果也在《建筑学报》上摘要发表了。

这项研究实际对中国其他城市也有参考意义。因为大家都在说，中国城市千篇一律。但如何克服千篇一律，又从哪些方面形成城市特色。我们提供了一个思路：城市特色的建构是一个系统工程，不仅仅是对建筑物的穿衣戴帽。呼和浩特的那个做法，我是不同意的。呼和浩特搞的那个回民一条街，纯粹是添符号。在现有建筑上

新疆奎屯明珠楼宾馆外景（1997年）

新疆奎屯明珠楼宾馆模型（1997年）

贴图案，贴符号，是一种形式的作法。除了研究工作外，我们也做了一些具体的工程设计，还帮助市政府做了一些重大项目的可行性研究和方法。

建筑师要有自己的职业准则，要为人民和社会服务，还要环保、经济，不能一味追求奇形怪状。我今年写了一些微博，其中有一部分内容的题目是"当代巴洛克"。为什么讲巴洛克呢，巴洛克的建筑是为教皇服务的，宗教改革失败了以后，皇权及教廷的势力非常强大，它希望采取各种手段来宣传维护教廷的权力，加之新大陆的发现、哥白尼的学说出现，人们对于宇宙和地球的认识眼界开阔了，所以巴洛克的建筑师就采取各种手段，如浪漫、夸张，动荡来吸引人并征服人，形成对建筑的膜拜。这和我们今天的一些建筑只为钱、权服务是一样的。

采访者：请您谈谈当前困扰中国建筑设计界的最大问题是什么。

王小东：现在建筑的抉择权是钱和权，尤其是大型建筑向钱、权靠拢，这是当前最大的问题。

其次，困扰我们今天城镇化良性发展的原因主要是土地财政。土地财政决定了建筑无能为力，现在我们各级政府的收入有的50%以上是靠卖地了。政府没钱了，就修编城市规划，把国有土地扩大，把周围的农民土地以城镇化的方式圈过来，然后再卖给房地产老板。房地产搞什么欧式住宅、搞深圳城、上海城、欧洲城，千篇一律出现了，不负责任也出现了，这是第二个根本性的问题。

第三个根本性的问题是全民素质太差了，鉴赏力不够，鉴别力不够。到处都是克隆和模仿，毫无品质可言。高层官员、房地产

吐鲁番外宾招待所设计草图（1980年）

商、包括我们建筑师本人的素养都不够，缺乏鉴别能力。我觉得这是当前困扰我们的第三个问题。

要解决这三个问题，必须要完善法规，就像建筑方案招标，在我国建筑法中规定了建筑方案必须进行招标而不是国外通行的方案竞选。国际上的方案竞选事先宣布评委，参与者看评委够水平才参加，评委不够水平，就不参加了。

现在我们方案都是暗箱操作，有人对国家大剧院招标的前后过程进行了分析，从第一轮、第二轮、第三轮到最后决策，每一环节都是有问题的，但是最后还是定下来了，为此引起了几十个院士的上书。

目前在建筑这个行业中，建筑师要坚守自己建筑师的职责，还是很困难的。

喀什老城的抗震改造国家之所以给几十个亿的，前提是地震，喀什是一个地震区，要求有8.5度的抗震设施，如钢筋混凝土的柱子在乌鲁木齐是60乘60厘米的话，到喀什就成90乘90了，但到目前为止喀什老城区的民居很少能达到8.5度的抗震要求，对喀什老城的改造就显得十分紧迫。

2003年伊朗巴姆地震，死了近4万人，巴姆的房屋结构和喀什很相似，温家宝批示说想到喀什地震的危险就睡不着觉。国家已投入了几十个亿,但进展太慢,还有人想维持现状,提出什么抗震加固的说法,但谁也提不出可行的办法。那些土块房子,不可能使用加固的方法抗震,它们也不是文物,我给喀什的领导说万一地震来了,死了人是要被问责的。如按现在维持现状的想法,万一地震爆发,他们的结果就是自生自灭,喀什的老城风貌就消失了。

我本人无力去挽救这种现状,要坚守建筑师的自身职业准则太难了。设计院自己本身还要挣工资,我可以做到,我可以坚守,让设计院都坚守就完蛋了。对建筑师来讲,我前面提出四个方面的要求,但最重要的是遵守建筑师的职业准则。今天能够坚守自己建筑师职业准则的人不多,很多人只要听说有几十万平方米大型的项目,就投其所好管什么奇形怪状,管什么花多少钱,打败对手,今年有项目就行,把自己的职业准则全部放弃了。

我们国家办了几次大型博览会,我认为,昆明的世博园比较好一些,人们进园以后一天都可以参观完。到后来越做越大,上海世博会中人们匆匆忙忙,很难认真地去看。而且为了凑够7000万人,给各单位发票。参观者走路都走不完,有些人就忙着盖邮戳,有几个真正的去参观的?西安去年的花博会,我太失望了,搞了那么大的地方,我们四个人参观,光坐车花了一千多块钱,在大热天,连个林荫道都没有,烤着太阳,一走一个小时才能到一个点,再走半个小时才能走到另一个点,那是在干什么呢,那是徒步健身道,越搞越大。

第4章

非"地域性建筑师"

采访者：有人把您称为"地域性建筑师",您怎么看?您怎么理解地域性和全球化问题?

王小东：我不同意被称为"地域性建筑师"。全球化和城市化的问题中首先应该肯定的是,这是一个必然的道路。因为交通运输距离的缩短,全球进入信息时代,比如说你想要找到一个人,你在地球上通过最多5次联系就可以找到,要和奥巴马拉上关系最多5次联线就可以找到了。而且全球化带来的工业产品向世界普及,飞机、轮船、火车,包括我们的手机等的通信工具,它很难体现什么地域特色的,所以由此而导致了人的生活方式的改变,比如说我们这一代人到美国去,我是不习惯了,我不习惯于每天早上吃同样的饭,中午吃同样的饭。但是从小在那儿长大的中国孩子,回中国以后就不习惯了。所以将来这个趋势是必然的,所以想阻挠全球化的提法,是不可能的。

托马斯·弗里德曼在《地球是平的:21世纪简史》这本书中说:太阳升起的时候,羚羊和狮子都在跑,狮子不跑得快,它就吃不到羚羊,羚羊要是跑得不快就会被狮子吃掉。这句话的意思是,全球化不是说让我们大家都变成一模一样,越全球化,你要在全球化里面有一个立足之地,必须有自己独特的特长,我们现在往往强调全球化,而忘掉了要立足于全球化语境中的个性。全球化和建筑的个性与地域性之间并不矛盾。世界是平的,但是世界也没有那么平,全球化的问题可能给建筑界带来一个副作用,有些人为此放弃了特色。我们现在的有些建筑理论认为全球化就是把别人的东西搬来就行,这样往往没有自己的立足之地,仍然只能跟在别人的后面。那次我在听温家宝在人民大会堂做报告,说我们制做一台影碟机,最多只能从中拿到一二十元,技术含量、核心技术都是人家的。现在，全球化进程里谁掌握别人拿不到的核心技术多，谁就可以走在前面。所以现在一直强调科技创新，就是这个道理，而我们建筑模仿跟风，确实也是很不正常的现象。

全球化可以为我们的建筑带来先进的技术，例如说过去都享受不到空调，电器也没有，现在可以做几百米长宽的大空间，过去做不到的，现在都可以做到了，这使人们生活得更舒适、更好。但是如果你作为一个产业、一个行业、一种文化，你没有自己的特色，丧失了自己的特色，最后总是二流三流，会叫人家瞧不起。

我在新疆工作了这么多年，有人封我为地域建筑师，我很不同意这种说法，我是个建筑师，我不是地域建筑师。建筑师的地域性，不光是落后的边远地区才会有的。很多人以为，落后边远地区的建筑地域性，是和全球化对抗，显示自己的特色。不要说只有民族的才是世界的，我认为只有个别的、具体的个人才会是世界的。所以我不承认我是地域建筑师，北上广也有地域性，只不过是大家忽略了，不愿意做了，反而把地域建筑师的帽子放到我们在边疆落后的地区工作的人。如果在北上广，我也可能创造一个北京风格、上海风格、广州风格，为什么你们就不去搞地域性了，让我们这些边疆落后地区的人搞，所以而且给我戴一个地域建筑师的帽子。我认为，建筑应该是地域和现代共存。而不存在什么地域建筑、现代建筑，我们往往把很多事情简单地分类，分完类了以后就以为是标准答案了，实际情况是很复杂的，是在变化的。

我在新疆工作，我的建筑有部分地域特色，究其渊源，是我出于对本地本土环境的重视和尊重，而不是我自己要标榜。我要是在南方做建筑，我也会根据当地的气候、历史、环境做符合南方地域特色的建筑。"到哪个山唱哪个歌",到另外一个地方,我可能做出另外的作品来,不要把地域性局限在分为地域建筑或者是现代建筑,不能分。为什么呢?因为你要立足于全球化的进程,你必须有自己的特色,这个特色就是这个建筑、你个人所处的环境,独特的环境和周围的文化历史自然会折射、反映在你的作品中。这个你不用去追求,根底深的建筑师的作品,会自然地流露出所处环境及文化历史。就好比一个文化素养很高的人,他做的东西就是不一样。那天我们在故宫吃饭,从外面看就是一个老房子,青瓦,有木头花格,但室内装修特别精致高雅。我热爱我自己的这个职业,那么我要做好,就必须要尊重我所处的环境,但我也不拒绝现代的东西,因为它们也给我们带来了很多的好处。

采访者:您是怎么看待建筑的全球化和地域化的?有人认为您在新疆工作了那么多年,所作的建筑大多都有伊斯兰风格,因此说您是一个地域建筑师,你怎么看这种认定?

王小东:有一本书叫《历史的终结》,作者是弗兰西斯·福山。他认为,人类社会的发展到了像美国这个社会制度已是最完善的了。人类社会的发展是不会终止的,人们对社会制度的需求体现在每一个国家、每一个公民身上。而每个人都是独特的,每个人的需求也不一样。世界的大同、全球化是建立在每一个具体个体的人上的。每一个人都是一个世界,只有尊重每一个人,承认每一个人的价值和地位,才会有全球化,才会有历史的发展。

我对人类社会发展到高度文明的理解是,不管是总统、将军还是清洁工,大家都是平等的,只是社会分工不同而已。

库车龟兹宾馆门厅

我们必须要承认每一个大写的人，没有具体的人，没有具体的定义，没有具体的环境，构不成全球化，这就是所谓普世价值的问题。其实普世价值在今天来说，是一面旗帜，我们现在很多人误解。因为在打这面旗帜的时候，当前在中国的普世者来说，是指宪政和直选，并不说明什么都是普世的。在建筑界里面，我们提普世有什么意义呢？普世是一面旗帜，它是一个政治口号，它不是一个原理。我们建筑师的普世价值，就是提供的城市和建筑空间，让人类更好地生活，同时又利于可持续发展。这一点无需打出一面旗帜来争论。

全球化的基础就是独特的个人，所以不是说只有民族的才是世界的，民族仅仅是这个特点的一个内容，只有个人、个别的人才会是世界的。

我是建筑师，在新疆工作，但我不是地域建筑师。我经常说，一旦形成理论，就失去指导意义。不要把自己的思想、想法归结为系统性框架性的东西，指导别人去过河，指导别人去做。因为一切都在变化之中，大家需要知道的就是此时此刻我们要做什么，面对大量的信息我们该怎么做，而不是制定一个宪章，要建立中国建筑师共同遵循的一个创新之路是不可能的。条条大路通罗马，地域就是建筑的环境，一个建筑它在这个环境里面，如果不和环境对话、不和历史对话、不和使用的人对话、不和它的文化背景对话，你这个建筑就是一种强势，你就是一种侵占，"大裤衩"的出现就是这样。但从另外一个角度看，"大裤衩"、国家大剧院也可以让我们中国人知道建筑还可以这样做，所以建筑是极为复杂的。在我的微博里，我的背景资料只有一句话：一个一生都在用来考虑什么是建筑的人。

库车龟兹宾馆模型（1990年）

到现在我还很难给建筑下个定义。

采访者：您对城市地域特色的看法？您在做设计的时候是如何体现地域特色的？

王小东：我做的几个作品都是出于对新疆特定的文化元素的尊重。比如说龟兹宾馆，我当时做的时候，库车县人大主任很有意见，认为不是伊斯兰的。龟兹宾馆是我自认为比较成功的作品，我表达的是地域性，而不是宗教性。因为龟兹古国是佛教文化，龟兹的古民族是信奉佛教的。宗教是宗教，民族是民族，维吾尔族也曾经信过佛教，这就是历史。创作新疆博物馆时，我考虑的是新疆上下五千年的历史，我并没有去创作一个伊斯兰建筑。我在博物馆前面做了六根柱子，用整块大理石做了六个柱头，一个是波斯的、一个是印度的、一个古希腊的、一个古罗马的、一个中国的斗栱、一个维吾尔的，用来表现新疆的多元文化。

我尽量避免直接表现维吾尔、伊斯兰的东西。做红山体育馆时，我注重的是在红山环境下的协调，所以不要太张扬而破坏了环境。我把红山体育馆做成一个有飞碟状的屋顶，下面是玻璃幕墙刚好把红山的环境反射在里面。我是想隐藏自己，而不是张扬自己。这次我们做的昌吉恐龙博物馆，因为亚洲第一大恐龙就是在昌吉出土的，所以这个恐龙博物馆的体型也是中间高两边低，就像一片片鳞甲一样，盖在恐龙身上，博物馆外形和恐龙的身材是完全吻合的，空间也没有浪费，该高的地方高，该低的地方低。我认为这个建筑也是一个地域建筑，但这里面没有什么维吾尔，也没有什么伊斯兰，但是它是地域的。

我觉得一个城市必须有特色，有特色的前提就是尊重这个城市的环境和历史，同时要掌握大量的信息，随时随地去解决规划、城市发展中的问题。对于城市规划，我的观点是：总体规划要有，但要留有余地、留有弹性，不要划得太死，要着重于近期规划和城市设计，这是我个人的看法。世界变化这么快，谁能预测到北京今年发展这么大了，有2000万人口，西安现在都有七八百万人口了，乌鲁木齐现在也已经300万了。在20世纪80年代，根据我们国家对城市规模的分类标准，100万人口以上的就叫特大城市，若按当时的那个标准，中国现在特大城市已经多得了不得了。

这次我们在做乌鲁木齐城市特色研究这个课题时，建立了一个数学模型，就是一个动态管理。乌鲁木齐城市特色里面有几百个管理点在计算机平台上，例如建筑色彩，图纸上说什么米黄色、土红色、黄色等都是不确定的。米黄色可能有几十种上百种，所以要根据建筑色卡对建筑色进行编号实行数字化管理，而且要存档，要改变这个色彩也要对其进行管理。要有城市色彩设计，但不是说强行规定用什么色彩。如长沙规定橘红色是城市的主色调，这反而是没有必要的。关键是在这个城市和街区要做建筑色彩的设计。基本色是什么，点缀是什么，辅助色又是什么，还有色彩的明度、色度等。就像搭配衣服一样，这些都需要先要设计一下。

我们工作室完成的《乌鲁木齐城市特色研究》这个课题，邹德慈院士组织了一次评审会，到会的专家们评价这个研究成果具有国内先进水平，《建筑学报》也刊登过这个课题。我们不但分析出乌鲁木齐城市特色的控制因素，关键还建立了一个数学模式和管理模式，把它纳入一种现代化的信息管理中。但是现在要进行应用还是

新疆博物馆正面（2004年）

新疆博物馆表现多元文化的柱头

新疆博物馆夜景

新疆博物馆局部

主持完成的《乌鲁木齐城市特色研究》成果（2008-2012）

很难，主要是政府官员对现代城市信息化的管理认识不足。动不动就是几十年不变，不会落后，脑袋一拍，大马路、大广场就出来。

在城市特色中，建筑不是唯一的，但如果城市要有十几个世界一流的建筑，城市特色马上就出来了，不一定是大量的母体建筑，大量的母体建筑等于我们博物馆的墙面，陈列品才是精品，你要求每一个建筑都有特色，最后大家都没有特色。

采访者：如今"文境建筑"、"意境建筑"、"本土建筑"、"地域建筑"，甚至还有"非线性建筑"、"托斯卡那风建筑"、"新中式建筑"等等，都想建立一种自己的体系、框架理论。您对此怎么看？您有自己的建筑设计体系吗？

王小东：文境建筑是吴先生提出来的，他深感我们中国建筑界的人文气息及文化素质太差，缺乏鉴赏力和判断的能力。

2003年《托斯卡纳艳阳下》这本书被拍成了电影，里面的景致宜人，环境优雅，并且提倡一种慢生活，于是房地产商就开始一股脑做托斯卡纳建筑，做托斯卡纳小区。

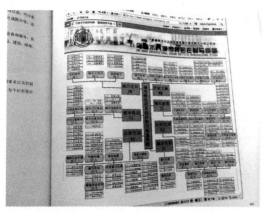

《乌鲁木齐城市特色研究》成果中的一页

　　我去过意大利4次,也去过托斯卡纳附近。那里的环境不一样,古罗马就是一个大的文物陈列场,大家住得相距较远,来往聚会喝杯咖啡,喝杯茶,生活在悠闲的状态下。而我们的房地产商建设的托斯卡纳,没有大的公共空间,挤来挤去,哪有什么托斯卡纳,这等于以前小地方的人没到过天安门,照相馆弄一个有天安门的布景,人在跟前照个相,像真地到了天安门一样,我们的房地产商就庸俗到这种程度。

　　同济大学园林专家陈从周先生,曾在日本福冈做过学术讲座,我当时恰好在日本。他说,中国园林是文人园林,就是说没有文人就没有中国园林。现在想想中国园林确实是这样,很多都是文化意境的问题,并不像华西村那样搞那种暴发户式的建筑,那华西大厦就是金钱和无知的表现。本土建筑是崔愷提出来的,就是建筑要立足于你的本土。崔愷的文化素养高、鉴赏力高,所以他做出来的东西很精致,看着很舒服,用起来挺好,这就是一个功底。

2008年参加了在意大利都灵举办的世界建筑师大会

历史的发展是无序的，而且是突变。我们考察历史，世界上很多事情的发生是突变造成的，宇宙大爆炸、恐龙灭亡等都是突变造成的。不是说一加一等于二，二加二等于四，那是线性思维。后来由于对达尔文学说的质疑、量子力学的出现，甚至包括对越南战争的质疑，使当时美国人开始怀疑自己的制度：最好的社会怎么会卷入到越南好几年出不来，死了那么多人。尼克松本人卷入了"水门事件"的丑闻之中，偶像一个个都"倒下"了。这个时候在文艺界里面出现了一个现象，叫做反英雄主义，包括今天的很多电影也是这样。说到英雄，有一部电影叫《老枪》，那个老枪就是当时的代表，反英雄的代表，它做的事情是英雄的事，但是它自己胖胖的，笨拙的很，爬在墙上，东一枪、西一枪，把敌人都消灭了。这不是我们印象里面高大的英雄形象。反英雄，也就是承认，最普通的一个人价值和生存。每个人都可以成为英雄，这就是非线性思维，它对于管理来说，特别强调信息的掌握，对于动态变化的观察和迅速的

新疆博物馆入口（2004年）

决策，这就是当前的非线性思维。

几千年来，我们人类的建筑受力比较简单，古希腊就是例子，柱子和梁搭来搭去，连拱券结构都不会。古罗马人使用了拱券和圆顶，水平力传递到墙上，使古罗马万神庙的墙厚达5米多。但这些的受理体系基本上是受压、受扭、受剪、受弯。到了20世纪开始，钢筋混凝土结构出现，钢结构，空间结构出现，受力就复杂多了。如编织一个筐子，每个杆件受力都是很复杂的。我们当时在大学学建筑结构时，例如简支梁，两个点简支梁，一个弯矩最大多少，剪力多少，然后数字计算，决定钢筋配多少，如何配。现在建筑不是那么简单的问题了，受力很复杂的。现代科学技术材料发展了以后，建筑空间可以用空间体系，编织，塑造，甚至于仿生。这是个很大的进步，如果从实用的功能来说，为什么这个房子非要方方正正？过去是因为我们的技术能力有限，方方正正的房子方便，好施工。真正的仿生有它一定的道理，所以就出现了一种非线性的建筑。非

新疆博物馆入口大厅

线性建筑是英国《Architectural Digest》杂志的客座主编查尔斯·詹克斯提出来的，我翻译过那篇文章。我认为这是个进步，我也不反对，因为它可以使建筑空间更具有适应能力。可能我们也会仿生和编织。我在新疆的南部阿瓦提县看到刀郎人的住宅就是编织的。用木材编出大框子，那样的房子抗震，地震时它只摇晃，但倒不了，不像简单的梁柱受力体系，柱子倒了，梁和墙也倒了。

北京奥运会的主场馆像编织，但实际上又不是的，它的结构其实还是杆件体系，那些很多是无用的。如果我们奥运馆主场馆结构设计把每一个杆件受力都充分发挥了，就不会用那么多钢材。结果是一个现代编织的建筑形体，还是用杆件体系的方法来计算，最后没办法把屋顶去掉。建筑发展到今天这个时候，可以编织、可以仿生、可以塑造，但是我们要小心谨慎地用。因为建筑的重量，受地心的吸引力，我们做这个前提是为了更合理，更经济。空间体系又省钱，又省材料，又能大跨度，这是先进的。可是如果故意为了

新疆博物馆局部

1986年作为以吴良镛为团长的中国建筑师代表团参加了日本建筑学会建立100周年的活动，这是在京都聚会时酒杯上的签名

扭来扭去搞一个东西，耗费数倍的钢筋数倍的材料那就不划算了。

现在我们有一种错觉，就是把非线性设计，或者叫做参数化设计理解为奇形怪状。我理解的参数设计就是把建筑物各种环境功能、设施等各种因素综合在一起，用最大量的信息参数，进行综合的、整体的设计。例如飞机外形，是功能，安全，经济和先进技术的综合设计而形成的，并非设计师的异想天开。在20世纪50年代到60年代，在工业厂房设计中用综合图表达，建筑图里工艺、设备、电气都画在一张图上，解决各部分之间的矛盾。这就是最简单的参数设计。现在计算机帮你把建筑的各种因素放在里面排列组合计算，成为最佳状态。但是参数设计也可以提供各种奇形怪状的形体，所以我们很多人就以为，参数设计就是奇形怪状，这是一种错误的理解。参数设计只能是让我们更省材料、更好用、更环保。

传统和现代融合比较好的例子是香山饭店。但香山饭店刚建好，《建筑学报》专门有一期是批判香山饭店的，甚至有人说，太难看了，建议用爬山虎等把它遮盖起来。其实香山饭店是中国走向既有中国特色又有现代特色的一个起点。不然的话，就像当时那个在北京当革委会主任的人说，建筑正面朝大街，山墙不能，都站成一排，搞大屋顶，大亭子。后来又有人提出了"夺回古都风貌"的口号，北京西客站就是在那种情况下建成的。西客站的问题在什么地方？是背离了建筑的基本使用功能。当时的指导思想是建一个北京的大门，要夺回古都风貌。实际上火车站就是一架巨大的机器，是成千上万的旅客出入的机器。但西客站为了强调"大门"的立意，在西站中间做了个大洞，又加了一个大屋顶亭子，花了几千万，切没什么用处。记得《读书》杂志有一次开座谈会，与会者没有一位说北京西客站好，因为乘客都不知道怎么出站。

可是北京南站就不一样了，南站可以说在我们国家火车站设计中是一个历史性的转折，自南站修建以后，火车站就像航空港一样了，人流和车流都处理得很好，尤其深圳高铁站设计得非常成功。这就是指导思想的问题，建筑师没有忘记自己的职责，若放弃自己的职责只想要独特，怎样能出好建筑呢？火车站就是机器，要当做机器来设计，在火车站里面，你不要太过分地要求民族的、地域的符号，这没有必要。你把机器设计好了，它就是地域的。例如说现在深圳的福田高铁站，就是地域的，为什么呢，因为福田那个地方，在深圳市的市中心，市政府就在那，高铁火车站从地下直通香港，难度特别大，这是深圳独特环境的独特要求。深圳高铁站从远处看像张着个大口，然后六七个扶梯，排成一排，接送旅客十分便捷。

建筑有外部空间和内部空间。比如说故宫，太和殿、中和殿都围成了空间，它是个虚空间，但恰恰这个大的虚的空间是最有用处的

87

新疆博物馆侧面

最主要的地方。过去我们往往注重建筑的外形，不太注意它的空间，外形仅仅是一个外在形象，空间空的部分才是有用的部分，包括虚空间。广场、围合的四合院，其实四合院对一个家庭来讲，它的作用不见得比室内空间差，它也是空间。所以我们对空间的理解要广泛一点，有外部空间，有内部空间，还有虚空间，还有所谓的灰空间。什么是灰空间呢？它介于外部空间和内部空间之间如柱廊，日本的建筑灰空间特别多，因为它气候湿润，特别需要半户外活动的地方，伊朗、阿富汗等地的伊斯兰建筑，封闭空间多，因为冬季寒冷需要在多柱厅里面作礼拜。印度就不一样了，当地气候湿热，作礼拜都在室外。德里的大清真寺可容纳几万人同时在室外做礼拜。

建筑环境变了，建筑空间也跟着变化。就拿伊斯兰建筑来讲，最早是在阿拉伯半岛用生土、树木作建筑材料，阿拉伯帝国强盛了以后，在地中海南岸一带吸收了古罗马建筑的特色，那些大清真寺，如开拉万清真寺，实际上是古罗马的建筑和阿拉伯的本土建筑

2002年在上海参加了国际建筑论坛，图为和保罗·安德鲁、周庆琳在会场

相结合的产物。但到了印度，又和印度的气候、材料结合了。所以泰姬陵全部采用白色大理石。而中亚是用土块、生土、砖来做的。到了土耳其又回到东罗马帝国的传统，用大理石建造清真寺。所以建筑空间都是因地制宜、就地取材的。

空间也根据使用的气候不同而发生变化，寒冷地区空间封闭，炎热地区空间开放。在中国的清真寺，又有了中国本土特色。例如宁夏有很多清真寺，在外面看是中国大屋顶式建筑。但空间又是多跨式、多柱式的大厅。中原的大殿就两排柱、三排柱，清真寺可以密密麻麻的很多，它的屋顶是波浪式的，里面可以容纳上千人。而中国的大殿不是供民众做祈祷的，中国大殿是神和皇帝待的地方，不需要多柱大厅。最早的基督教由于罗马皇帝的迫害，传教活动转移到地下，后来米兰赦令公布后，基督教合法了，就公开地在古罗马建巴西利卡式的大空间。而古埃及和古希腊的神庙是给神用的，人在外面，祭祀活动也在外面，所以室内空间都不大。当然还有一

2005年在埃及卢克索

个原因，他们没有掌握大空间的技术，他们可以把柱子做得特别粗，甚至一个柱顶上可以站100多个人。但跨度还需用石材解决，最后用木头把屋顶盖上，所以大殿中石柱密密麻麻。穆罕默德在麦加麦地那传教时基本都在室外，但当传教到西班牙时像阿尔汉布拉宫那样又和西班牙的建筑风格结合在一起。所以建筑没有一定的格式，建筑空间主要是满足建筑这个房子的目的即功能。而我们不少建筑师和业主官员忘了这个，只讲这个外形怎么好看。我们参加很多建筑方案评审的时候，一些官员说"哦，这个样子好看"，根本不看这些花钱多少，使用怎么样，这就背离了我们建筑的本原。建筑就是为了满足不断变化和增长的社会需求提供的各种空间，这是建筑的本原。如果我们背离了建造的目的，就没有意义了，所以空间也是这样。

第 5 章

建筑设计

龟兹宾馆

采访者：请结合您对于建筑的理解，谈一谈您自己设计的作品，比如龟兹宾馆？

王小东：1994年我做了新疆库车龟兹宾馆，尝试在民族、文化、宗教限定下的求解。

库车龟兹宾馆从1989年开始设计，经历了反反复复的变化终于在1993年7月正式投入了使用。历时4年，这对距离乌鲁木齐将近800公里、经济也并不发达的南疆库车县来说，也并不是一件容易的事。尽管工程结算时每平方土建造价只有800元左右，但它仍然是当时库车县"档次"最高、投资最多的建筑。我也为它驱车近12000公里往返8次，为的是离开高楼大厦，创作一个"土"建筑，一个低标准、适合我国国情的建筑。为的是映证、表达某种创作观，再次尝一尝"建筑文化"的涵义。

新疆维吾尔自治区库车县，是古代丝绸之路北道重镇。汉、唐、元政权先后在库车设立了西域都护府、安西都护府和塔林都之帅府，是西域政治、军事、文化中心，也是佛教东传的第一站和中心。现库车周围50公里范围中有我国最早的千佛洞——克孜尔千佛洞、库木土拉千佛洞、龟兹古城、苏巴什古城（即《大唐西域记》中的昭怙厘大寺）等著名的文化遗址。伊斯兰教传入新疆后，宋理宗时传教始祖默纳拉·额什丁的麻扎（圣徒的陵墓）尚在，高达20余米的库车大清真寺雄姿犹存。库车还拥有雪山、湖泊、沙漠、戈壁、草原等瑰奇壮观，表现出宏大、粗犷、阳刚之美的自然景色。现在的库车县是以维吾尔族为主体的多民族家园，号称"歌舞之乡"。其

库车龟兹宾馆外景

库车龟兹宾馆外景

刀剪、土陶、花帽、帕拉斯、民族乐器等件件大漠工艺、丝绸真品和它的古老文化、塞外风情吸引着中外游客——这些都是库车龟兹宾馆(一座两期共200个床位，建筑面积约5000平方米的旅游宾馆)设计创作的背景。

宾馆的正式名称就叫"库车龟兹"，它把相隔1000余年又具有不同宗教文化背景的两个时代用一条丝绸之路的文化线连接起来。龟兹古国、佛教文化背景和当今的库车县、维吾尔伊斯兰文化给建筑师出了一道难解的方程。

本来，建筑创作就是要处理各种复杂的矛盾，但对于这个宾馆而言，其文化性、个性是必须刻意追求的，我愿意接受各种条件和约束、限定，追求建筑创作的唯一解，在限定的山穷水尽之中看出机遇的曙光。

限定之一：这个宾馆标准低（一星级），每平方米造价也就800元左右，因此就不可能用高级的建筑材料，而只能用一般砖混结构形式。另外由于道路、周围环境、分期建设、征地程序等原因也决定了宾馆的总体布局和主要入口位置以及使用功能和实际要求等，这样，建筑师似乎没有大的作为了，但创作的过程证明，即使在这种条件下也是够建筑师游刃的。

限定之二：由于旅游宾馆的特殊性，即基本设施都应该是现代化的，但应尽量满足旅游者（主要是外国人）在使用上和心理上的需要——即舒适、有特色，其环境还可以起到对旅游者的序幕引导或回味，产生潜意识的浸润作用。那么宾馆的建筑在具备时代感的同时必须具备当地优秀建筑传统中的某些特色，亦即民族的、地方的、乡土的特征。

库车龟兹宾馆局部　　库车龟兹宾馆门厅室内设计（王小东绘）

限定之三：建筑创作不是设计舞台背景，也不是搞民俗展览会，它要在建筑创作的过程中孕育、发展成一个有个性、有建筑味的建筑空间。从近年来建成的一些旅游宾馆来看，舞台布景式的、展览会式的淡化建筑创作作用的作品也不乏其例。例如琉璃瓦的亭子在中国的东南西北已作为"程式"、"概念式"的园林点缀品泛滥，这些在龟兹宾馆的创作中都应限定。

限定之四：也是最主要的难题，既然要文化的建筑，而在库车——伊斯兰文化背景下建筑师应怎么办？

古龟兹国在伊斯兰教未传入前，摩尼教、佛教同时存在。晋书中云"龟兹，其城三重，中有佛塔，寺千所"。归唐书中云"龟兹，尤重佛法"。一直到了后来帖木儿帝国兴起后，如元史中所称"回纥人自元以后，一律进入天方教，"即伊斯兰教。在这两种复杂的文化背景中进行创作，如履薄冰，很难掌握分寸。建筑师既不能搞出一个古龟兹味很浓的千佛洞式的建筑（这必然会遭到现在库车人的反

对），也不能搞出一个具有浓厚伊斯兰式的建筑（与龟兹、石窟文化的背景相悖离）。如何创作出一个既有"库车"，又有"龟兹"的宾馆，就成了本创作最难解决的问题。

我在阅读和研究了大量有关西域、丝绸之路、石窟艺术的历史和艺术的资料之后，逐渐形成一个比较明晰的思路：即民族的、文化的脉络可以在一定程度上超越宗教，从而主要从民族、文化的探源上找出两种宗教背景中共同具有的某种线索，把他们统一起来。那么这种民族与文化就不是仅属于某种宗教，而是一种独立于宗教之上的民族文化与传统。我们可以自豪地说，古龟兹文化、石窟艺术文化是新疆各族人民的文化遗产，也是中华民族的文化遗产，但民族决不等于宗教，只有用这样的观点进行创作，才可以从宗教的束缚走出一条道路来。

龟兹宾馆的空间和平面的总体布局上吸取了当地民居的不少特色，把院落式及中亚一带生土建筑"细胞繁殖式"的基本格局应用于宾馆布局之中，使建筑空间处于各种大小的庭院之中，并提供了一定的葡萄架下的歌舞场所。这样既满足了干热气候地带的通风与降温的特殊要求，而且和当地的传统居民有一定的相关性，使维吾尔人能在心理上接受它，并感到亲切。但在建筑创作上我们却没有拘泥于传统布置，而是把现代化建筑创作中规律性手法隐藏于看来拙朴的平面布局之中，这是结合点之一。

在建筑的形体、细部、色彩等方面力图把石窟特色与当地维吾尔式建筑融合得自然，使其在情理之中。维吾尔建筑中"拱"和"券"和石窟的"洞"和"窟"有其共性。我从库木土拉石窟的一个洞口和连窟的形象上受到启发，把它作为门窗洞口的构图主题和维吾尔的拱，略加结合，就形成了龟兹宾馆外形的构图主题的粗犷的生土建筑的风格。洞窟和拱券的似是而非，构图母体的反复出现，单纯的土红色和强烈的雕塑感形成了一种石窟和维吾尔风韵的混合体，但并不感到生硬和做作。它融合于环境之中，表现出强烈的个性，成为结合点之二。

为了使"龟兹"和"维吾尔"特色更加突出，在创作中特意采用了一些"重要提示"手法，例如默拉纳·额什丁麻扎中大片的朴实的方格形木花格，极有伊斯兰建筑中的特色，我有意识的将这种方形花格的构图夸张后用于建筑室内外空间中，在方案征求意见时得到了当地维吾尔人的肯定。两个楼梯间，其中一个着重用现代建筑的手法强调了维吾尔建筑特色，而另一个则隐喻登上石窟的木梯。至于墙面的悬挑简直就是维吾尔的一大特色，又是现代建筑的手法。为了使石窟的特点更明显，采用了两片墙外墙，直接模拟了石窟的抽象构图，起画龙点睛的作用，这是结合之三。

室外墙面上，在石窟母题的大限定中，有一组白色玻璃钢浮雕，主题和形象正是前文所述的龟兹舞乐图。这些龟兹的古民族和当今库车的居民有血缘上的无法分离的关系，又和"歌舞之乡"吻合。人们观此，浮想联翩，思绪自然地被牵至千古文化层的境界，是佛教，还是伊斯兰文化背景，似乎都远去了——这是结合点之四。

门厅、餐厅屋顶的结构形式在室内建筑空间创造中至为重要。圆顶在维吾尔建筑中像陵墓，最好不宜采用，而平顶又太一般化。笔者从柯孜尔167号窟套斗顶中受到启发。其套方基本图案又是伊斯兰建筑中常见的符号。这种形式，一方面有其伊斯兰的渊源，另一方面它产生于库车石窟中，于是就成为9米×9米的龟兹宾馆门厅、餐厅的屋顶形式（中心彩页）。当然它是现代化的钢筋混凝土梁组成，其升起部分是梁跨度越小、断面高度变小而自然形成，引起穹顶和套斗顶的联想。为了通风还吸取了维吾尔建筑中"阿以旺"的传统，在屋顶中央加了通风天窗。正由于这种图案具有典型的伊斯兰特色，所以它又在地面、灯具、室外小品中多次重复出现，这是结合点五。

　　室内装饰的基本格调是维吾尔伊斯兰建筑中白色为基调的墙面和"满地铺成锦"的地毯形成强烈对比的传统特色，但在色彩上都采用了柯孜尔石窟壁画的蓝绿基调。说来也巧，蓝绿色正是维吾尔人民喜爱的颜色。至于门厅中表现石窟文化的壁画，是新疆著名画家潘丁先生的创作。壁画只是在手法、色彩、线条上采用了"龟兹"风格，但对其宗教内容则予严格的删除，显示了新建宾馆的文化韵味，但又避免了"古龟兹壁画陈列馆"之嫌，这是结合点之六。

　　至于时代感，不能说只有用了几何体、镜面玻璃幕墙等等才算有。龟兹宾馆的设计仍然是现代的，就拿钢筋混凝七、铝合金门窗、玻璃马赛克，以及现代化设备水平来说，它仍是当时库车县一流的建筑。从设计指导思想来讲，并没有简单的模仿传统建筑，而是力图应用现代建筑的观念创作出的一个"新"建筑。在满足现代化使用功能的前提下追求一定的文化性、一定的地方、乡土、传统特色正是当代旅游建筑的一大特色。

　　作为一个建筑师，追求所创作的作品立足本土、追求个性和创造性、追求它在特定环境下的"唯一解"这是我多年来的信念。建筑离不开它所处环境千丝万缕的影响，也离不开建筑师个人的创作观。龟兹宾馆和我在前些年创作的吐鲁番宾馆、喀什东湖宾馆相比,又是另一种特色,把它搬到别的地方就失去意义了。

总之,龟兹宾馆的创作本身就是一道难解的方程。以前,我曾在一系列的场合及"文化对建筑困境拯救"一文中多次阐述了自己的创作观。龟兹宾馆只是一朵并不鲜艳的小花。我也不承认它受了"后现代"的影响等,总是觉得,此时、此地、斯人、斯建筑只能如此而已。

中华民族园·新疆馆

采访者:请您谈下北京中华民族园中新疆馆的设计和理念?这些想法来自哪里? 能否谈一下这个项目的深层次寓意,这个项目的创作过程?

王小东:北京中华民族博物院新疆景区是2001年设计的。北京中华民族园,现已改名为中华民族博物院的组成部分,它名副其实。首先,它有大量从中国各地搜集到的民俗文化文物,每幢民族建筑中或展厅中的展品都是真实的,一把镰刀的手把上也有被几代人的手磨得变细的痕迹;其次,它的几十个民族的代表建筑都是严格按当地的制式,尽量用当地的材料,由当地少数民族的工匠建造起来的,是真实的建筑而不是模型或微缩;最后,博物院中的讲解、演出歌舞的人员都是从当地少数民族中挑选来到北京的,他们就是生活艺术的本身。由此,我认为,这是一项严肃的工作,也是一次难得的建筑创作的机会。

新疆景区位于园区南园的东南角,在北京中轴线北辰路的西

北京中华民族园新疆景区

侧,位于国家奥林匹克中心的入口处,位置非常显要。它占地约5000 m^2,全部工程包括:

1. 15000m^2 的沿街公共建筑,地下1层,地上为2~3层。主要功能是提供有新疆维吾尔族特色的商场、餐饮、演艺等项目的空间,以期成为北京的一个伊斯兰文化和商贸餐饮中心。

2. 在沿街公建的屋顶上修建6座新疆少数民族的典型传统民居。其中喀什民居两幢,和田民居、伊犁民居、吐鲁番民居、塔吉克民居各一幢,哈萨克、克尔克孜族帐篷两座。另外,有清真寺一座以及完全按原比例建造的中国建筑史上著名的高达35m的吐鲁番额敏塔(苏公塔),在公建三层还开辟了巴扎一条街。

3. 与以上内容相关的园林、景观设计。因为,沿街的公建和屋顶上的民居等建筑,应该组成一组协调的景观建筑群,要通过山坡、悬崖、道路、绿化、小品等有机地组成一个整体。四周环境中还有葡萄长廊、坎儿井、草原石人等点缀其间。

以上3方面的内容应该是一个整体,它自身还要和民族园统一,同时还要融入到北京的建筑群中去。

北京中华民族园新疆景区（2000年）

北京中华民族园新疆景区内吐鲁番民居

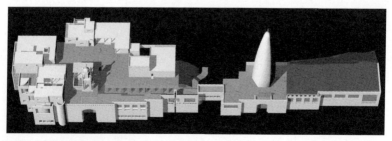

北京中华民族园新疆景区全貌

如何给长达160m高15m的沿街公建定位是关键的难题。最早提供的规划没有公建，显得十分零散，和它所处的位置极不相称。后来逐渐有了现在的构想，即把新疆景区部分置于一面临街是公建另一面为覆土山坡和悬崖的大底盘之上，这样就烘托出一个新疆景区的整体，而且充分利用了城市的宝贵空间。

如果让沿街公建的建筑和今天北京的现代商业建筑相似，那它和民族园的风格不协调；如果完全用传统的维吾尔建筑它又和建筑的性格不一致。所以，在方案的反复比较中，采用了基本是现代的，但又要有强烈的维吾尔、伊斯兰个性的基调，从建成后的效果看是成功的。

现代并不仅是金属、玻璃、花岗岩组成的空间，现代并不是只能像KPF那样的建筑，现代并不是只能像所谓的欧陆式建筑。新疆景区的沿街公建基本上是一座现代的建筑，它没有太多的装修，没有太多的色彩和符号，仅仅用了尖拱这一独特的语言和民族图案的窗花格。其余的表现力在于它的体量、光影、雕塑感、色彩细部和工艺砌砖的魅力，这一切是形成任何一个优秀建筑的基本语言，而是不仅仅固定在某种"民族形式"的建筑之上。

所以，在北京中华民族博物院的东南角，出现了一座既和民族园建筑协调，而又能显示其独特风格的一座建筑物。它是传统的，但又是现代的，可以说它的基本形象在北京是独特的，有非常强烈的个性。它说明了建筑语言的多样性，说明了"这也是一种创作方式"。

在中国大地上整体蔓延着一种浮躁的、抄袭式的建筑潮流的时候，我经常想，能否给我一个机会，捉摸透自己作品中的每一个空间、细部，让每一块砖，每一个石头诉说出一个漫长的故事。

我尽量在这个特定的建筑创作中抵抗着、拒绝着今天眼花缭乱的建筑材料的诱惑，因为它必须是一座独特风格的建筑。它必须更纯净一些，主调旋律要更突出些，所以在选用外墙材料时，拒绝了花岗岩、大理石、金属、玻璃幕墙，而选用了普通的砖。

早期伊斯兰建筑和新疆的伊斯兰建筑中使用砖的技艺十分娴熟，一块普通的黏土砖可以演绎出很多的建筑语言。每一块不同的砖，组成了耐人寻味的整体质感，而又千变万化。建筑的工艺性是人们对建筑感情倾注的见证，因为通过它可以看到人，看到情感。

自从贝聿铭先生在香山饭店用了磨砖对缝的青砖墙受到一些责难后，在比较重要的公共建筑上砖就绝迹了。当然这与建筑材料与技术的发展有关，但在民族园这个特定的建筑中，我让这一几乎消失的建筑工艺在北京展现一次，就算北京建筑大花园中增加一朵小花，让它更丰富一些。这得感谢北京的宽容，1998年在首都建筑设计方案汇报展中新疆景区被评为3等奖、被观众投票定为"十佳"之一就是证明。

主体建筑沿街长160m，墙面入口、窗洞、楼梯间、层次的推敲非常重要。如果不变化就像一道城墙，变化太多就会杂乱无章，何况伊斯兰建筑的简洁、几何体的变化、光影、体量等强烈的震撼力，以及细部的安排、精湛的工艺，不仅是伊斯兰建筑的成就，也是今天进行建筑创作的基本语言。所以在整个设计过程中我以为自己一直在创作一座独特的现代建筑。

这种建筑自身和建筑师所追求的境界，使其在创作过程产生了明显的排他性。正因为排它，才会有强烈的个性。

在建筑符号的应用方面，仅仅用了尖拱。但不单是曲线的摹仿，还包括自己构成的语言，如发券的方法、材质的过渡等。在几个主要入口处有意识地避开了尖拱而代之以更有普遍性的半圆拱，它的发券采取了哥特式教堂逐层内收的方法，可以说这是故意的手笔，就如半圆形楼梯外墙，外露的几个竖向扁柱，以及大门两侧偶像悬垂下来的凹槽，几种比例和发券不同的半圆拱等等，都是想用一种建筑的基本语言谱写新的建筑空间，而不是仅仅靠滥用符号或模仿古典形式刻意打扮自己。

中华民族博物馆的重要组成部分就是各民族的传统建筑。通过新疆景区，我想把新疆民居与传统建筑如实地奉献给首都，让没有到过新疆的人尽可能真切地去领略新疆传统建筑的魅力。

额敏塔完全按原比例建造，高达35米的砖塔使人们仿佛到了吐鲁番。其他几幢民居都是在当地几经挑选、测绘后才确定的原型，因此它们都真实地表达出这些建筑空间的特质。从新疆请来的上百名工匠热情地把他们的技艺都倾注于每块木雕、彩画、石膏花饰及工艺砖上。经过近两年的努力，一组约1500 m^2 的以民居为主的传统建筑群出现了。用他们的话来说，对原型的忠实、制作的精细程度"比新疆还新疆"。我相信，对于专家学者而言，它们也可以成为研究新疆建筑的对象。

当然，这里面并不是没有建筑创作的成分，因为，新疆土地约占国土的1/6。各个区域的建筑差别很大，所以，要把不同地域的建筑放置在一起，组成的统一外的部空间，形成曲折、通透的大街小巷，从群体上表达新疆建筑的特点，必须创造性地工作，尤其是额敏塔高耸入云，它的位置至关重要，清真寺的塔顶又是另一组建筑的构图中心，这些空间还要形成完整的沿街面等，也是一个艰难的

乌鲁木齐红山体育馆(2002年)

创作历程。

新疆景区的创作对我来说是在特定环境下的一个特例,是多元化的一种尝试。我并不想把它固定为某种模式不厌其烦地去重复,这仅是创作的一个"瞬间"而已,创作的道路应越来越宽,而不是越来越窄。

红山体育中心

采访者:红山体育中心是新疆乌鲁木齐市的标志性建筑之一,顶部外观设计为盛开的雪莲,下部状如飞碟,外墙采用灰色玻璃幕,与红山美景相呼应,非常漂亮,是乌鲁木齐市的著名旅游景点。在做这个项目的时候,您是如何考虑的?

王小东:对于设计体育场馆的建筑师而言,看到红山体育中心

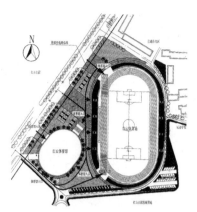

乌鲁木齐红山体育馆总平面

的场地都会迷惑不解：如此狭窄的地段如何能布置下？何况它夹在红山公园和对面已绿化的两个山坡之间，困难就更大了。

2000年初，我们承担了红山体育馆的设计任务，为此还分别考查了北京、天津、上海、珠海、深圳、成都的一些体育建筑。然而接下来在对方案的反复比较中，在对诸多制约因素的不断冲突、调整中，最后出现了今天呈现在人们面前的一个体育中心，这些制约条件大概就是红山体育馆创作过程中的难处，也是形成它今天特点的主动力。

从总平面图中可以看出，体育场的摆法只是目前这具样子，那么留给体育馆的就是图中那一块三角地，南靠山坡，西面紧贴场城市干道，东西方向无法扩展，因此满足手球比赛和容纳4500位观众的体育馆平面形状只能是椭圆形和近似椭圆的多边形，观众席也只能在南、北两端布置，这就决定了它的基本形态。为了能容纳更多的观众，最后的平面不是椭圆形而是两个直径60为的半圆中间夹一

乌鲁木齐红山体育馆环境

块18米×60米的矩形。这样就以最小的占地、间距取得了最大的容量的结果。

红山公园几乎是乌鲁木齐的象征，登临山顶可以俯瞰城市全景，要在两个山坡中布置一个巨大的体育馆，如何与景观协调是一道难题。为此在构思中重点突出了形体不宜张扬，和山势浑然一体。轮廓尽量分解，不要太几何化，所以屋顶变成了高低不同的8个含苞未放的花瓣。从山顶式下望，或从山坡平视，屋顶曲线错落变化而又和环境相宜。在原设计中的带有花瓣的屋顶挑檐吊顶和屋面呈反弧曲面，远看像是悬在空中的一个上有花瓣状的碟盘。可惜，施工单位为了省事，弧吊顶未做出，深为遗憾。

屋顶下的墙身采用了淡蓝色的镜面反射玻璃，墙身就是镜面，一方面淡化了庞大的身躯，最主要的是将两面山坡上春夏秋冬、晨昏昼夜的景色反映在墙身上，使其和周围浑然一体，尽显红山特色。从馆内休息厅的环廊向外观看，红山像一幅360度的全景电影

乌鲁木齐红山体育馆鸟瞰

扑面而来。这种不是借来的,而是生长在一起的。

在一片绿色中如果使用大块鲜艳的颜色将破坏景观,所以建筑物除了淡色玻璃墙外,一律用银灰色的金属和灰色花岩石,使它显得更安静、和谐。这种色彩受到了各方的肯定。

在一个引人注目的地方建一座引人注目的建筑,"概念模式"首先会被提出,即"新疆民族地方特色"、"欧式"、"现代化"、"中国古典的特色"等问题。对于这些问题我们虽然作了探索,但都被坚决地放弃了,"公园旁的现代体育建筑"这就是决定形象的根本因素,根据红山体育馆的环境,把现代体育建筑的特点和周围环境相结合就是特定环境下的特定形式了。摆脱了"概念"形的影响,创作时便觉得自由多了。

何况体育建筑本身就是一座体育比赛的机器,如果在它上面还要加"民族的"、"传统的"、"欧式的"等概念,就显得不伦不类。

红山体育馆的资金是由国家提供的,由于众所周知的原因,政府的资金总是紧缺的，4000万元的总投资也是想尽一切办法凑起来的。所以在使用每一笔钱时都是精打细算的，建筑本身决无豪华气，而是朴实、细致。

体育馆场地北高南低，高差约3米。因此为了充分利用地形，将比赛场地置于商场之上。地下一层作为停车库、汽车可从南端车库出入口直接驶入，无须大坡道，既考虑了地形，又充分利用了空间。

正是这些制约条件才使得建筑创作驶入个性的轨道，才使得它和环境相互陪衬，成为乌鲁木齐的又一新景观。在建筑创作过程中的构思则很难以笔墨形容，既有社会因素、又与设计人本身的文化修养有关。

记得1963年我刚从学校到新疆，正碰上自治区体育馆竣工，时隔40年之后才出现了又一个市级体育馆，想到此，觉得建筑师的机遇真不容易！

新疆地质矿产博物馆

采访者： 新疆博地质矿产物馆的设计灵感来自哪里？这个项目的创作过程？在实施过程中有哪些得与失？ 在这个项目中，您主要用了哪些手法和元素来表现建筑的主题？

王小东： 新疆地质矿产博物馆于2000年6月开始设计，2004年5月正式开馆，它是目前是我国最大的以地质矿产为展出内容的博物馆，总建筑面积7187.39平方米，共5层，一～四层为各种展厅，五层为学术报告厅及其他辅助用房。它共有八个展厅：宇宙地球

新疆地质矿产博物馆入口

厅、生命演化厅、金属矿产厅、非金属矿产厅、能源矿产厅、宝玉石厅、旅游地质、环境地质厅，另有接待室、地下停车库等，是一个各种现代化设施齐全的博物馆。

  博物馆位于乌鲁木齐市友好路东侧，四周建筑多已成形，用地为一沿街长92.4米、深约44米的狭长地带。除了博物馆外，工程中还包括了5层办公、28层住宅的部分，总建筑面积为27338.04平方米，博物馆面积仅占1/4。在地段狭长，建筑体量悬殊的情况下，这3部分的建筑既要统一还要突出博物馆，这给设计带来相当大的困难。解决的办法一是尽量把高层住宅和博物馆拉大距离，二是把办公和博物馆一体化，三是使博物馆的建筑形象有个性、有挑战性，

新疆地质矿产博物馆内景

最后一个办法就是弱化高层住宅的视觉感受程度,从建成后的效果来看,这些立意都起到了作用。

博物馆的特点是由各种不同的专题馆组成而不是流线性的序列展出。不同内容的专题展馆在地段紧张的情况下,把中庭作为交通枢纽,周围布置展厅是一种行之有效的比较经济而又适用的方法。所以在设计中4部楼梯、电梯围绕中厅都比较集中,使得参观和管理都比较方便。

博物馆建筑形象的创造非常重要。上面已提及,由于它仅占总建筑面积的1/4,但又是整个建筑的最重要、最突出的部分,所以原创性、创造性、个性就非常重要了。

在构架风、飘板风、KPF风、格栅风、克隆式、欧陆风到处蔓延的时候,建筑师想要进入"原创"的创作境地困难很大。一是在我国几十年的建筑设计磨炼中,相当一部分建筑师"原创"细胞退化了,更重要的是业主、官员、方案评审专家对建筑创作起着决定性的作用。

当然,在市场经济的今天,建筑师不能为所欲为,但业主和官

新疆地质矿产博物馆内景

员也不能任其所为,因为我们都有一个共同的职责。正如第二十二届世界建筑师大会对"城市:多种建筑的大集市"这一主题的解释是"城市是一个无边的资源,急切地需要人们对它进行仔细地设计和管理。尽管分配给城市建设和维护的投资金额十分惊人(超过国家投资的一半),但由于缺少经验和创造性的思维,以及缺乏对于社会各方面平衡的考虑,我们得到的经常是一个对于生活和工作来讲低水平的环境。建筑师从事的是一个建造人类生活空间的行业,我们要为我们所生活的空间负责。"业主、官员、建筑师们要合作,不能谁出钱、谁的官最大谁就最正确。

在新疆地矿博物馆的设计中我很幸运,业主提出基本要求后,在设计过程中我们一直合作得很好,自治区领导仅发表了对几个方案的看法,而评审专家们一致认为要提倡建筑的原创性。这样的宽松条件也是很难得的,建筑设计的成功与否主要责任就在于我自己了。

在功能的分区基本就绪后,经过对几个方案的分析、比较后确定以"地矿"两个字入手,以宇宙、地球、矿山、地层、岩石、结晶

新疆地质矿产博物馆外景

等作为建筑联想和隐喻的素材,最后出现了现在的形象。

　　博物馆主体(一～三层)为上小下大的覆斗形,给人以山体的联想,外墙以粗犷的花岗石板为主,横向以水平的采光窗幕墙强调了岩层的感觉,正面3层高的龛式门洞正是山洞的形状,洞口是结晶立方体的蜂窝状装修,是对伊斯兰建筑中"依旺"入口上"福克纳斯"的隐喻。西部表面为玻璃幕墙的凸出的楼梯间撑起悬挑出来的第4层,这样,一个非常独特的建筑形体便出现了,它没有用柱式等太多的装饰手段,本身的形象就给人以冲击力。可以说它没有"曾似相识"的感觉,也没有国内的某个建筑的影子,而是从"地矿"的含意上生长起来的建筑。地质矿产的内容本身就非常丰富,

新疆地质矿产博物馆效果图（2001年）

岩石、金属、结晶、宝玉石、地球的演化等就是对比强烈、色彩斑驳的世界。所以我尽可能把岩石、玻璃、金属组织在一起成为建筑的外表，再加上覆斗状的主体，体量的变化，以及为增加岁月感加在建筑上的竖向槽沟、画龙点睛的门楣上、外墙上古生物化石的浮雕、广场上巨大的硅化木、天外飞来的铁陨石等等都传递着它个性突出、形象独特，恰如其分的表现了"新疆地质矿产博物馆"应有的形象，它是原创性的、现代的，但又有民族地域的韵味。

这座具有强烈的个性、独特的博物馆形体，基本解决了它和办公、高层住宅体量悬殊的难题。为了更好地突出博物馆，办公部分的外墙和博物馆尽量一致。28层的住宅在外形上尽量简化但也保持

2003年参加亚洲建筑师大会和马国馨、唐玉恩在一起

博物馆的特征，底部的色彩和博物馆近似，但由下而上渐变，到了上部成了灰白色，使它成了博物馆的背景。

博物馆的室内装饰也是紧紧围绕着"地质矿产"的主题，3层通高的圆筒形中厅用防火玻璃分隔。倒锥形的玻璃下是一幅光电新疆地质矿产分布的地图。四层顶上则是宇宙地球厅，九大行星的圆盘上方是闪烁的星空。中厅的内墙面用了贝壳化石岩板装饰，以建筑手段突出了博物馆的主题。

当然在修建过程中也有遗憾之处，如建设单位把花岗岩板改为土红色的火烧凹凸板（原设计为多种色彩的自然粗石板），把玻璃改为蓝绿色这也是设计人无法控制的事。但总的来说，这是一个经过"创作"的建筑物，是想要"原创"的建筑物。从现在看来，由于它没有时髦的装饰、古典的柱头、复杂的线条，而显得很不入流，甚至简单。但这正是我在建筑创作中所追求的。我想建筑有时也能显示一个社会、国家以及人的气质，能够大气一些，大方一些，有气度一些，有个性一些，这也是中国建筑走向世界的一个方面吧。

新疆国际大巴扎

采访者：您是在什么样的情况下设计出新疆国际大巴扎的？这个建筑设计后来获过很多奖项，现在已经是乌鲁木齐的地标性建筑，这是你最满意的作品吗？对您后来的建筑设计有哪些影响呢？

王小东：我是在2003年设计新疆国际大巴扎的。在当时的乌鲁木齐，社会对大巴扎的设计项目的需求是：此时、此地，需要一批有格调的，摆脱目前流行的烦琐、杂乱装饰的具有浓厚民族、地域风情的建筑群；90000m² 的建筑群要在二道桥商圈中起举足轻重的领头作用；建筑群须有强烈的吸引和震撼力，成为人们来乌鲁木齐的必去之处；力求传统和现代相结合；"国际大巴扎"的主题要表现"西域"特色——即中西文化的交流。

对于我国城市建设雷同化、逐渐失去自身特色的现象，见仁见智，众说纷纭。乌鲁木齐作为新疆维吾尔自治区的首府，人们希望在其城市建设中体现民族地域文化。但是这种需求在两种建筑思潮的夹击下很难有存在的空间；一种是拿来主义、"欧陆风"、"克隆风"造成的建筑创作质量低下；一种是浮浅理解民族、地域风格，符号和装饰滥用，造成格调不高、平庸、低俗的建筑泛滥。

以上两种建筑思潮的形成都来源于我国经济高速发展和国民文化素质水平的相对低下所产生的巨大反差。对于建筑，我们缺乏独立、自信的判断力和价值标准。这种现象在一部分官员、业主、建筑师、民众中都不同程度地存在。因此在建筑创作中，对民族地域风格的追求处于进退两难的困境。这也是我在创作大巴扎建筑群之前的心态。尽管我也拒绝过"欧陆式"的设计，也曾几次想写一篇"告别建筑"的文章，但遇到"大巴扎"这样的课题，还是承担了设计任务，并作了一次新的尝试。

根据乌鲁木齐市总体规划，要求民族风情一条街的规划与建筑要有民族特色，使其成为乌鲁木齐在民族传统方面最有代表性的地方。而国际大巴扎又是"一条街"的重中之重。因此大巴扎的设计定位就是"创造新疆民族建筑的精品，使其成为乌鲁木齐标志性建筑群"。据此而展开了建造群的布局与设计。

在经典建筑美学中，统一始终是首要性的原则，分析成功的作品，统一的主调是不可缺少的要素之一。主调的创意有高下雅俗之分，成功的主调建筑个性的表达，它起着统帅作用。它具有极强的排他性，也就是在建筑创作中一切局部要服从于它，不相容、杂乱的诸元素都被排斥以外。我相信每一个建筑师在创作中都有过这种体验。

现状中二道桥一带的新建筑，不乏成功之作，但相当一部分建筑的装饰杂乱，格调不高，彼此之间互相抵消，减少了其影响力。所以我必须用超出常规的统一创意才能满足种种需求。

通过多年对伊斯兰建筑的考察与研究，使我从纷乱的现象中悟出伊斯兰建筑原本就没什么特别的制式。它的生长基因是建筑空间满足宗教的需求和在地域因素影响下形成的空间、装饰等构成手段。它在接受各种文化影响的同时更能因地制宜，所以形成了地中海、两河、阿拉伯、印度等不同风格的文化圈。伊斯兰和维吾尔建筑一个很重要的优秀传统就是根据功能布局的空间，自由而灵活，不拘泥于形式，不追求刻板的对称。功能空间该大就大，该小就小，该高就高，该低就低，这一点和现代的建筑创作方法很吻合。

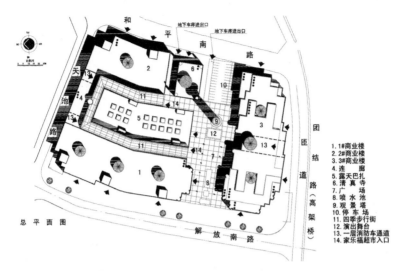

新疆国际大巴扎总平面

新疆国际大巴扎效果图（2002年）

新疆国际大巴扎外景

在大巴扎的创作构思中，我立足于中亚，摒弃宗教内容，着重吸收至今仍有生命力的、传统空间与装饰的构成手段。如功能对空间的主导作用（在这一点上和现代主义非常相似），体量多变的几何体形成丰富、强烈的光影，工艺砌砖的材质感等来构成大巴扎建筑群的整体性。大巴扎有90000m^{2}建筑面积，其中包括商场、餐饮、娱乐、地下车库、清真寺、露天广场等，但在我的心目中它们是一个整体，它们的形象在设计开始时已在心中形成并成为设计全过程中取舍的标准。只有这样才能一气呵成，形成冲击力。这时，我觉得自己是一个乐队的指挥，决不允许出现不和谐的音符。把握全局不致失控，这可能对建筑师来说是最困难的一点。

在设计过程中由于计算机显示范围的限制，不易观察到建筑整体，我只得在大张纸上用手工绘制整体建筑的立面草图来控制位置、布置门窗洞口及凹凸等，尽管费力费事，但对我来说也是必须的。没有统一性、整体性，也就不会有今天大巴扎的震撼力。

大巴扎建筑面积共计约90000m^2。其中一号商业楼为3层共20879.13m^2，二号商业楼3层共11538.40m^2，二层半露天巴扎

新疆国际大巴扎广场夜间演出

为 6312.42m²，连廊 2336.15m²，步行街 2000m²，地下车库为 5002 m²，三号楼 4 层（局部 5 层）共 29052.82m²。其中商业楼主要为巴扎的摊位式商铺，大部分沿街商铺面向人行道开门。它要从功能布局上反映建筑的民族特色，而不仅仅在"装饰"上做文章。除上述功能空间外，还有一座拆迁返还的 2312.18 m² 的清真寺，一座塔高 70 余米的景观塔。地面、地下停车库可停车 150 辆以上。除必要的消防通道，步行室外空间外还有一个能容纳上千人的广场供文艺演出，广场中还有雕塑、喷水池、草地、花池、屋顶上也布置了绿化。三号楼的四、五层则是 6200m² 的餐饮娱乐中心，同时可供 1500 位客人就餐并观看丰富多彩的民族歌舞。高空王子阿迪力将参与联手经营，他声言"要把新疆 13 个少数民族的、内地的、中亚的、甚至欧美的歌舞、音乐……以及艺术家都搬到大巴扎来……把它办成新疆最有特色的娱乐餐厅。"并表示他和其弟子每周表演两次达瓦孜。以上种种说法都与建筑形式无关，而是和民族的风俗、人文、文化密切相连，但它却是营造民族、地域特色的魂。根据这些需要而布置出的建筑空间必然是民族的、地域的。我曾参观过比什凯克的奥什大巴

新疆国际大巴扎夜景

扎,以及伊斯坦布尔的 COVERED 大巴扎。那种人头攒动、商品琳琅满目、叫卖风趣等穆斯林独特的经商方式,灌注于二道桥国际大巴扎的每一个空间,这才能真正淋漓尽致地显露民族特色。

伊斯兰和新疆维吾尔建筑还有一个很大的特点就是建筑空间多变,简单地几何体型组合后变化多端,其光影、虚实、形体组成一首交响乐。而其构成手法和现代建筑也有异曲同工之处,喀什的高台民居就是典型代表,形成建筑空间的手法非常现代,但它的确是地地道道的维吾尔建筑。

所以在大巴扎建筑群的设计中,我刻意地遵循了这些原则,使其建筑形体错落有致,光影效果明显,雕塑感很强。在设计过程中,我一直有一种驾驭整体,创作一首乐章的感觉。其节奏、对比、韵味、高潮、主题等经常浮现脑海、相信人们进入大巴扎建筑群的多维空间时,画面会层出不穷地变化,吸引着每一个来访者。

有着 1000 多年的伊斯兰建筑史,上承古希腊罗马,又生根于阿拉伯半岛,然后向世界传播,形成以麦加、巴格达、开罗、西班牙、印度、中亚、土耳其各为中心缤纷多彩的伊斯兰文化圈。每个文化圈的建筑都在和当时、当地的文化传统结合后各显其独特的风格。所以在"大巴扎"的设计中，面对如此丰富的文化遗产，我只能严格的遵循"减法原则"，即尽可能地简化，尽可能地净化，紧紧以"新疆"为中心来取舍、安排。仅仅用伊斯兰空间构成的独特手法，如拱、圆顶、廊、简洁的墙面几何体的巧妙转换来形成特点而没有滥用符号。这一切和早期伊斯兰建筑的风格有些相似。因为它们就像中国汉、唐时期的建筑那样，朴素、苍劲、有气势、有魅力，这正是我想要表达的意象。

至于建筑外墙的色彩与材质，经过了多少次反复考虑，终于决定使用土红色的耐火砖。在北京中华民族园用喀什黏土砖的尝试，尽管得到了肯定，但由于吸水性强，强度不够并不能满足乌鲁木齐的气候和使用的要求。耐火砖经反复试制、砌筑取得了满意的效果，是一种既经济又能取得特殊效果的材料。

在阿拉伯半岛、西亚、中亚的古代建筑中，砖是人们最熟悉，对其性能发挥得最好的外墙材料，一块块普通的砖在工匠的手中都会变成了仿佛有生命之物。不管在布哈拉，还是在撒马尔罕都可以看到砖砌建筑的风采。在新疆如喀什的艾提卡尔清真寺、库车大寺、吐鲁番的额敏塔等等都用普通的黏土砖获得了震撼力。而"大巴扎"的设计中，我们对砖的质地、色彩进行了改进之后，有了很好的效果。

自古以来，新疆就处于东西方文化交流中心。既是"国际大巴扎"，就不可能避免这一题材。所以在围绕新疆主题的同时，适当地在设计中流露出古希腊、罗马、西亚以及中国中原文化的影响，这是设计人有意识的安排和再创造。例如观光塔的造型，是在参考了

新疆国际大巴扎入口局部

新疆国际大巴扎观景塔及浮雕

新疆国际大巴扎解放路入口

古埃及、古罗马、巴比伦的柱式、布哈拉的卡梁塔以及新疆的额敏塔、鄯善的鲁克沁宣塔等，淡化了宗教含意而又创新的一座新塔。它和古今中外的任何一个塔不一样，内有电梯，外墙上除了工艺砌砖的花饰外还有表现新疆十二木卡姆的大型浮雕，使得它在大巴扎建筑群中成为一个有统领作用的制高点。

大巴扎最后形成的建筑风格，得到人们认可，并被称为是民族的、传统的、地域。这种特色的形成是一系列的建筑、社会、历新疆，它们有共同的空间构成状态，易取得人们的认同；吸取维吾尔建筑形体多变、自由灵活、大街小巷巴扎街市的特色而引起人们对传统的回忆；色彩、材质用砖的本色，既不是古罗马的砖红，也不是中原的青砖色，而是特定的地域特色，这本身就是一种人文、地域的宣言；建筑符号的半圆拱、圆顶、平尖拱的大量重复使用是人对伊斯兰建筑的总体印印象；建筑外墙工艺砌砖的图案，直接来源于中亚和新疆的大量传统建筑。

塔在伊斯兰建筑中起到空间的控制作用，其功能是通风、宣礼、瞭望、纪念、心理上制高点的追求等综合需求。在巴扎中 70m 高的观光塔成为建筑群中必不可少的中心点。塔顶的形状借鉴了乌兹别克斯坦布哈拉的卡梁塔，它是我国唐朝地方政权喀喇汗王朝建于 1127 年的重要建筑。观光塔的塔顶由于有现代的楼梯、电梯以及功能而扩大（这也是古代的悬挑技术作不到的），塔身的图案则直接借鉴了吐鲁番的额敏塔。这样，观光塔从功能组织、空间构成到历史文脉的切换有了更深一层的意义。

在大巴扎建筑群中有一座拆迁返建的清真寺，如果处理不好就会破坏建筑的统一性。幸好清真寺的阿訇们对我们的工作非常支持，建

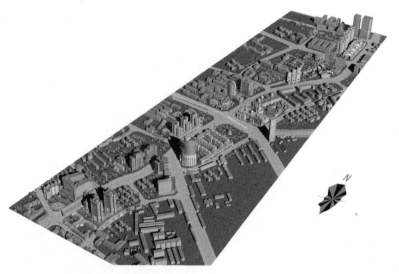

乌鲁木齐解放路民族风情一条街城市设计

筑外形完全服从整体需要，所以清真寺成了大巴扎的最好背景。

必须要强调的是大巴扎建筑群是一座现代的建筑，因此没有必要去复古，把传统建筑原封不动地照搬。我们仅是传其神、表其大意而已。重要的是必须满足现代建筑的一切功能需求。因此在空调、通风、照明、交通疏散、卫生等各方面严格遵守国家的有关规定。大巴扎建筑中的空调、电梯、自动扶梯、玻璃幕墙等现代的东西应有尽有，就连看似传统的穹顶，也由轻钢和玻璃造成，并担负着采光、通风和重任。就色彩而言，现在乌鲁木齐的一些意在创造"民族风格"的建筑有些太形式化，用各种色彩的瓷砖纹身式的满贴，各显其华丽，最后相抵消而共呈杂乱无章。在这一点上现代建筑的色彩大方、统一倒是很好的借鉴。故大巴扎建筑群的色彩只

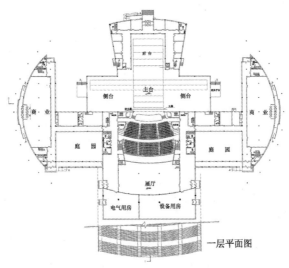

伊犁大剧院设计-平面（2003年）

有土红及白色来衬托，表达丰富的体块和光影，和周围的杂乱形成强烈的对比，反而突出了自己的个性。正如自治区人大常委会主任阿木冬·尼牙孜所说："国际大巴扎既有民族风格，又有现代气魄。"所以一些投资者、求购者说，一看见大巴扎效果图就被震撼了，马上知道就是这里了，其实这种震撼力相当一部分来自于统一中的个性，简洁造成的巨大冲击力。

建筑的夜晚亮化、照明在大巴扎群体中是非常成功的。总体的金黄色和窗口的淡蓝色赋予建筑非常统一的只有强烈感染力的夜晚形象。它隐退了大量不相干的干扰因素，最大限度的突出了主题。

由于大巴扎位于乌鲁木齐维吾尔族人集中的居住地，大巴扎给他们提供了摊位、商铺、街巷、广场、演艺、餐饮多种活动场所。

伊犁大剧院效果图（一）

伊犁大剧院效果图（二）

当暮色降临时灯光把大巴扎照成一片金色，人们在游览、用餐、观看民族歌舞、欣赏达瓦孜的空中表演时，便觉得乌鲁木齐太需要这样一块地方了！此时、此地、此建筑似乎就是满足这种需求出现的。

2003年8月，大巴扎建成。它的效应是轰动性的，成为乌鲁木齐城市中的一个亮点。人们到了乌鲁木齐必定要到大巴扎一游，实现了原来定位的目标。

但大巴扎不是我最满意的作品，因为我认为还没有让我的创作思路自由驰骋，由于受到了先入为主的主题布局的局限，它并不完全是我所追求的空间，依自己的想法，还应该具有更多的原创性，更现代更伊斯兰一些……但这一切已无法挽回了，建筑艺术毕竟是"遗憾的艺术"，一个作品建成后如果能把设计师的意图表现出一半也就不错了，从这点来说我应该知足才是。

通过大巴扎的设计实例，也表达了我对新疆建筑民族性、地域性实践的看法。有人预言，它建成后就会对新疆建筑创作起影响，我倒不这样认为，如果给我一次机会再创造一个新巴扎时，我希望，绝对不要和这一个巴扎相似而要具有另一种独特的风格。

驾驭我创作的是一种动力和激情，有些是我钻研伊斯兰建筑悟出的无法无形的境界中的潜意识行为。总之这种创作也只是一种过程而已，它既不是终点，也不是目标，更不能再去重复。最后还需说明在大巴扎创作过程中，基于对西域东西文化交流的理解，我有意识地把古埃及、古希腊、罗马、西亚、中亚的建筑因素作了一些隐喻的应用。对于建筑的评论是见仁见智，建筑师的职责是只求播种而已。

采访者：您在设计这件作品中特别注重利用建筑材料的肌理、空间的光和影来营造出震撼的效果，您能从这方面谈一下您的设计技巧吗？

王小东：建筑细部是一个优秀建筑必备的特征，它表达出建筑师的素养、经验以及建筑的设计深度。建筑细部包括了构造的手段、构件的拼接、组装的方式、比例的推敲、材质和肌理的表现、加工的精致程度等无止境的要求。在大巴扎的设计中细部的重点是工艺砌砖和材料的衔接与形体的组装。

工艺砌砖始于两河流域至中亚达到其技艺的顶点。大巴扎的设计中外墙采用工艺砌砖。但考虑到今天的环境污染和耐久性便选择了耐火砖。其有变化的色泽及斑点形成的墙面有一种厚重的肌理感，凹凸排列成的图案光影效果极强。在设计图纸中我们对砌砖的顺顶排列，图案的构成与组合，甚至拱券的每块砖的细部都给予详尽地表达。

在不同材质、构造、构件的交接、组装的手段中我有意识地强调了现代手法；即加工的精致性、组装感、现代和传统材料的反差等，增强其现代感。例如建筑四角的圆柱状墙是传统的，但它和墙面衔接的地方却用了带形的玻璃幕墙使其更突出。在拱券和墙面洞口的处理中追求的现代感不是偶然形成的，而是出于精心地安排。这些细节一般观众是看不到的。但它的的确确反映出建筑的格调和品质。作为伊斯兰建筑中的圆顶主题，在这里变成了金色玻璃的采光顶，这既是功能需要又是形象需要，但它已远远不是传统意义中的圆顶。

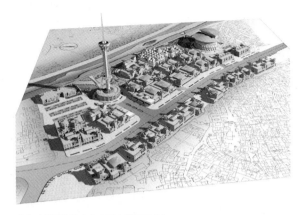

喀什吐曼河旅游中心（已大部分建成）

喀什老城

采访者：请您谈谈喀什老城区的抗震改造及风貌保护工作取得的成果？

王小东：喀什老城已有2100多年的历史，走在迷宫一样的老城里，穿过一条条幽深的小巷，时间仿佛回到了中世纪。这座历史文化名城是中国仅存的最具古西域文化特色的老城，也是"丝绸之路"上遗存的、最为重要的老城。然而，喀什老城内的房屋大多是生土建筑，年久失修，地处地震活跃带上的老城已不能承受地震等自然灾害。政府从2001年开始就计划对喀什老城的进行改造，之后几年间，世界每发生一次大地震，喀什就会宣布一次"正式启动"改造工程，却始终没有全面展开。

古城改造历来就是一道世界性的难题，民生优先？还是文化传承为重？这是一个让人无奈的两难选择。2008年，我受邀对喀什老

喀什吐曼河旅游中心街景（已基本建成）

喀什吐曼河旅游中心剧院设计方案(2007年)

城区改造项目进行前期论证，在"阿霍街坊进行了保护改造"的试点工作。

我同许多同行一起进行调研后，针对这个地区的民族地域特点，提出"尊重人、尊重社会、尊重历史、尊重环境"的改造理念，在保证新修房屋抗震设防烈度达到8.5度的安全性要求的基础上，保持原民居风貌，居民以就地返迁为主，住户参与设计。

"喀什老城区阿霍街坊改造"最终获得第二届中国建筑传媒奖居住建筑特别奖。组委会官方网站给出的入获奖理由是：喀什老城区阿霍街坊改造打破了以往政府大包大揽的习惯做法，每户居民自己参与设计，让居民充分实现富有生活特征的自己家的理想。设计在解决了旧民居的抗震、设备等方面的同时，很好地保持了老城区的风貌。其可为中国旧城改造提供借鉴。

这个项目为后来全面铺开的喀什老城改造工程作提供了指导和借鉴。

高台民居—喀什老城最具代表性的景点。这是一块被吐曼河环抱的黄土小岛，20多条古老小巷纵横交织，传统土陶、民族花帽等手工艺作坊分布在小巷各个角落，400多户居民在这里生活。这里成为了中外观光者的首选。因为这一特点，对高台民居如何改造争议不断，改造方案几次变更，直到现在也没有定下来。

从2008年开始，在没有政府经费投入的情况下，我带领学生开展了《高台民居抗震加固和风貌保护的课题研究》。挨家挨户对400多户居民进行了入户调查走访，测绘拍照，完成了高台民居的三维建模、准备出版《高台民居》专著。今年又完成了高台民居的实体模型。这为高台民居改造积累了非常宝贵的资料。

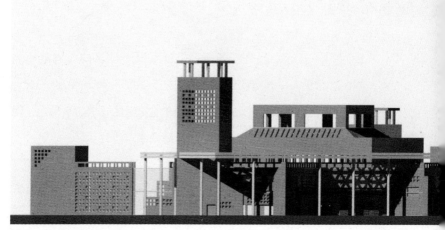

鄯善大巴扎设计效果图（2005年）

鄯善大巴扎设计效果图（2005年）

第 6 章

建筑师与市场

喀什高台民居的实物模型

采访者：怎么样在强势甲方的压力下能做好贯彻自己的设计意图？

王小东：在甲方的强势压力下面，要我违背建筑师的职业准则，我到今天这个位置可以不做，可以说你找别人去吧。但很多人做不到，因为需要生活。这就是我们现在建筑师的一个困境。要解决这个问题，要从制度法规上来解决，还要提高整个社会和官员的文化素质。我始终想应该给每一届市长开一次城市规划和建筑设计的研修班，但是很难实行。你别看现在的一些市长、部长办公室后面的书架都是书，那都是成套成套的买回来摆在那，摆样子的，真正看书的人的书架，由于经常使用，乱七八糟的，东一本西一本的，哪有像那样摆那整齐的。实际上现在的官员很少有时间读书，因为官

2008年在喀什给老城区的居民介绍抗震改造与风貌保护的方案

场上多紧张啊！所以目前说，提高文化素养很难。我可以向甲方发火，人家最多说这个老先生脾气大，咱们不找他，算了，你不找更好。但是别人怎么样，当孙子一样的。有一次在库尔勒，我真的发火了，库尔勒的塔指石油基地指挥部，规划、建筑设计都是我们做的，有次工地上有点问题，打电话叫我去，我就去了。一个处长就跟我说，你们架子大呀，别的设计院我们一叫院长连滚带爬地都来了，你们就叫不来，你们是为我服务的。当时我就说，对不起，你的钱是国家的，我们和你们都是为国家服务的，不是什么连滚带爬。后来基地的领导批评了那个处长。当然也有强势但还有素质的业主，这时你要耐心地给他讲，相互沟通，相互理解，这很重要，一个建筑师不善于和别人沟通，不善于阐述自己的设计，会很失败。

采访者：您是怎么看一个建筑师在建筑全过程中的作用的？对此您有哪些建议？

王小东：一个建筑师在建筑实施的期间，我特别主张全过程。就是建筑师要参与从最早的策划、方案、施工图设计、一直到施工、竣工，甚至应该包括以后的维护。前几年报纸上登过一个消息，南京有一个建筑物，使用年限上百年了，是英国的一家建筑事务所设计的，设计师来信问还有什么问题没有，负责到底，终身负责。我觉得一个好建筑师，绝对是这样做到的。就说美国的著名建筑师理查德·迈耶，他做的洛杉矶的盖蒂中心，墙面的石材都是他亲自选定，最后剩下一个大石头没用，他就放在庭园里面。盖蒂中心的建造用了10年的时间，这10年中他光和建筑的周边邻居们就开了100多次会，协调中心和周边的关系。迈耶这个人是被认为是后现代的白色派，因为他在建筑上喜欢白色。但是盖蒂中心刚好建在一个落日大道的山顶上，周围的邻居对白色石材的光污染有意见，最后迈耶就把石材改成毛面的土黄灰色的辉华岩，这就是建筑师的职责，要考虑建筑对周围环境的影响。全过程很重要，很多细节、很多细部，你不参与，小事变成了大事，事关成败。我常说，好的建筑方案不同的人做施工图结果会有天地之别。细部的推敲特别重要，就说大巴扎那个工地，我差不多是每隔两三天都去，包括砖本身的选择，当时甲方说，耐火砖上面有麻点不好，最后我坚持说还是用它。从现在看来用那砖很成功，风吹日晒，永久是那个样，水一冲又干净了，而且又结实。大巴扎的建筑详图都是我自己画的草图，手砌砖工艺的做法、方案、如何发卷都画了出来，钢筋混凝土的框架结构，有柱、有梁，但在外面你看不见梁和柱，又不能抹灰，全部使用砖，可怎么构造，砖一块一块地怎么摆，图案怎么组织，我都画出来了。只有建筑的细部，才会有生命力，才会耐看。

建筑师对施工的全过程的参与是很需要的，但是很难。为什么难呢？因为现在设计费太低，如果一个建筑师这样去做的话，一年连吃饭的钱都挣不来，就是这个问题，像龟兹宾馆，设计收费很低，如果当时我不是院长，可以免费把汽车开上走，一去来回1000多公里，我跑了八九次，你说如果每座建筑这样负责到底的话，设计院赔的就会太多了。

喀什高台民居我已经赔进去不少了，包括这次的建筑模型，10万元是我们自己掏的。关于喀什高台民居，我心中总有一种遗憾的情愫，不到喀什等于没到了新疆，到了喀什不到高台，等于没到过喀什，高台民居现在在逐渐消失。2008年我组织了三个博士生、两个硕士生还有四五个刚毕业的学生，在那测绘，花费了两个月，把450多家的房子全部测绘完了以后，都处理为三维的数字资料，每户的资料都很完整，平、立、剖面都有了，还有访谈录，都详细地记录了。400多家！据我了解中国没有这样做过，世界上也没有这样做过。现在完成了这么厚厚的一本书，近500页，将由东南大学出版。我想，如果高台民居不在了，后代的人想要用我这个资料还可以恢复，这次模型就是按照我们的资料做出来的，模型做得很好。

今天咱们出版过的有关民居的测绘，一个是陕西韩村，当时是日本学者和西安建大合作的，那个比高台民居的规模小多了。还有清华的陈志华教授也出版了民居专辑，但他没有测绘图。我们做的喀什高台民居是三维的，还有动画。因为有模型，就是每一家我都可以深入地研究，做空间建构分析。现在这本书就要由东南大学出版了，总算了了我的一桩心愿。所以参与全过程很难，是要付出代价的，因为我们国家现在低收费，有些建筑设计也不负责任，只有

1981年阿卡汗，国际建筑学术会议之后，国内代表离开时的合影，其中有杨廷宝、吴良镛等前辈，后排右第一人是王小东

平、立、剖就出图了，什么都甲方自理，连场地的正负零都不定，说是现场决定。我审图的时候，看到这样的我就打回去，怎么能这样做呢？建筑师参加全过程非常有必要，虽然困难，但不能放弃底线。我毕业后在建筑工地上劳动实习一年，我认为都很有必要。我有一个学生，是学地质的，她跟我学习的时候刚好要设计我们设计院办公楼后面的一栋住宅，我把方案做完让她画施工图，她画完施工图后，天天到工地上去，这个楼盖起来，她对建筑就明白了，就是这样，你必须要参加全过程。

采访者：在建筑的市场化中，有的建筑师话语权丧失，你怎么看？

王小东：在建筑市场里有的建筑师话语权丧失有两种情况，一个在强势下，我们不能说话，我们有话没法说。有一次给市政府汇报项目，市委书记连哪个朝南哪个朝北还没有看清，直接拿那个激光笔在那乱点，怎么怎么，就不让我说话，我就不高兴了，我说你把激光笔拿掉我再讲。等我介绍了一会儿时，他也给我来了一句，

历时3年完成的《喀什高台民居》一书　　《喀什高台民居》一书中的一页

你把激光笔拿掉，就这么小心眼。所以我们要做好建筑设计很难，像我这样都是院士了，还会不被人尊重，何况一般的建筑师呢？当然现在政府开会，越高层的领导他还越尊重你。但是一般的人，就很难说，甲方动不动就说要找另外的设计院设计。包括国际大巴扎这个项目，我几乎摔盘子了。业主找我，要求我们一个月把施工图出完。我说时间太紧张了，做不完。他说，你们实在做不到，那我找别人吧。他这样讲话，我真的生气了，我一咬牙，我说做吧，然后我就动员，工作室加班加点总算给赶出来了。

另一种话语权的丧失在建筑师自己。投其所好，说违心的、吹牛的话，把甲方说得晕头转向，这不是真正的话语权，叫忽悠人。

采访者：现在的建筑设计已经市场化，您对此是怎么看的？您认为这个市场的走向会是什么样？

王小东：建筑设计的市场化我觉得是必然的，但是中国有一个问题，人们对于建筑师的职业不是那么尊重。在欧洲，几百年前的房子建筑师是谁？大家津津乐道，例如巴洛克的建筑师贝尔尼尼，很多人都知道他。人们很注重建筑师的创造。唯独中国没有，中国把建筑师当作工匠，是劳力，他是属于工匠、技艺、技巧之类的东西，所以中国的建筑上从来没有建筑师的名字。大巴扎观景塔上有我的名字，那是雕塑家冯国伟做完雕刻了以后，他要刻上作者，于是就把我的名字雕刻上去了。中国只有一个建筑物把建筑师的名字写上了，就是新建的武汉黄鹤楼，上刻了建筑师向欣然的名字。刚开始评审技术职称时，中国竟然没有建筑师的称号。

阿卡汗建筑国际学术会议1981年在乌鲁木齐召开，在自治区政府举办的宴会上，台签上我们的称呼是工程师，对方有意见，说我们建筑师参加会议为什么叫工程师参加，最后我们把台签都换了，我们本来就是建筑师，所以才算认可了。在国外，工程师和建筑师是有差别的，但我们都叫高级工程师，我们向有关部门反映，才在高级工程师后面加了建筑两字，从这时候就叫"高级工程师（建筑）"，但没有建筑师，连称呼都没有，比方说到建筑师，好像不如工程师好听，一说建筑师就想到理发师等。直到国家实行注册建筑师制度，大家才知道那么难考。所以说中国的建筑师地位就比较低。在国外有3种职业最吃香，律师、建筑师、医生。建筑师是总承包，拿到任务以后才找工程师协作，而中国对建筑师的认识不足，建筑师的话语权就比较差了。我们只知道个鲁班传说，清代皇帝故宫的总建筑师叫样子雷，画样子的雷师傅。但话说过建筑设计来市场化是必然的，我们本身也要注意，因为我们一直是为业主服务的，我们要站在比较公正的立场上，也就是说，我们要站在自然、环境、社会以及建造过程的立场上综合来平衡。在市场经济中与业主的合作与沟通也是十分重要的一面。

1993年以吴良镛为团长的大陆建筑师代表团首次到台湾参加两岸建筑学术交流会,这是部分代表的签名

举例来说,原来新疆维吾尔自治区人民政府的主席司马义·艾买提,我们相互沟通得很好,有一次和田做了一个宾馆设计方案请他看,刚好我也在场,他就说王院长没意见,我也没意见,他是这样开明。"文化大革命"期间,在乌鲁木齐烈士陵园设计汇报方案时,他看到雪莲花组成的花圈图案时,他马上数了一下说不是12朵就好,不然别人会找你麻烦的(因为国民党的党徽也是十二边三角形)。

当然也有领导把自己的观点强加给建筑师,甚至要求新疆的建筑都要搞工艺砌砖,都要有石膏花饰等。所以中国建筑师还没有完全市场化,还有权利在起作用。我们是一个服务型的职业,走向市场化是必然的,但是如何坚守我们的最后的底线,这是很重要的。不能丧失底线,对环境造成损害,对实用功能造成损害,浪费更多的钱,或者在形象上给公众造成一个很恶劣的视觉复杂都不应该。例如北京的天子酒店,福禄寿的巨大塑像,肚子里面就是餐厅。还有沈阳的圆方大厦,北京盘古大厦,都是台湾建筑师李祖原做的设计,影响很不好。李祖原在台湾地区做的101大厦很不错,但在我们国内做的几处建筑都不好。圆方大厦被评为最丑陋的建筑。那年在台湾，见到过李祖原，他说我就是义和团，我要做中国特色的建筑，设想可以，但实际效果很差。

建筑走向市场最根本的问题，一个是提高建筑师和业主全民的文化素养，提高建筑师社会地位，要健全法规，杜绝钱权的干预。但对建筑师来说，尽量设法和业主沟通，同时坚守自己职业准则的底线也很重要。

采访者：对我国建筑设计的方向以及新疆建筑设计的设计方向您有着什么样的看法？

王小东：很难说什么建筑设计的方向，我们都在不断地探索，要根据我们国家的国情和社会的需求，尽可能做些高水平、高质量的，又有现代、又有传统、又有地域的一些建筑作品。但能做到这样也很不容易，著名高校的建筑学班，一个班将来能有两三个一流水平的建筑师就很不错了。这么大的中国实际上真正有高水平的建筑师不会太多。一个数理化考 100 分的人，未必是个好建筑师，不能和社会沟通，不能听业主意见，也当不了好建筑师；不能和周围团队合作，也做不了好建筑师。不提什么建筑创作方向，而是根据我们国家的经济、自然、历史、环境、更好地创造满足社会不断变化与增长的需求的建筑空间。这个空间应该有个性，就是你所处的环境和你本人在建筑方面的造诣，而不是单纯为了新奇，例如库哈斯的央视大楼，浪费太大，形象怪异。中国成了一些外国大牌建筑师的实验场所，这和我们的国情是不相符的。

中国工程院于 2014 年 11 月份在南京召开一个国际会议，组委会主席是程泰宁、何镜堂、马国馨、张锦秋、崔恺，还有我。由清华大学、同济大学、东南大学、天津大学合作，程泰宁院士牵头，主要讨论当代中国建筑创作的现状，以及改进我们中国建筑设计的状况的策划和意见。这个意见主要是为上级领导提供，不是做学术讲座。但总的来说，要避免当前大家提到的抄袭、复古、克隆、缺乏文化素养、价值取向缺失等问题，当然也要提出避免建筑创作向钱、权靠拢的机制。真正能成为一个好建筑师很难，做个一般的建筑师，履行自己的职业职责，做出的东西没有人谴责，能够满足功能需要，那也就不错了。如果要走中国特色建筑创作道路的话，那就认真地走，要从各个阶段，包括决策、提高全民素质的、提高建筑师素养、教学、学生的教育、完善必要的法规等一步步地走。只有各方面的共同努力，我们的建筑创作才能走出困境。

  对新疆建筑创作我也要特别提及，就是要强调建筑的本土性和地域性，而不是仅仅是讲某一个民族和某个宗教，一定要体现新疆的几千年的历史文化文脉，同时要体现新疆的自然气候地理，当然也必须满足人们对于现代生活的需求，不搞门面工程和花架子。大家知道"前三门"就是典型的花架子，当时为了在尼克松访华期间显示中国的发展，沿街建了一些像城墙一样的高层住宅，卫生间连洗澡的地方也没有。据说邓小平参观的时候问了，以后这些住户难道不洗澡吗？前三门样板房住宅里竟然不考虑洗澡，丧失了建筑的根本。

  1999年我到东柏林参加他们的住宅改造，社会制度不一样，效果完全不一样。西柏林和东柏林在50年代搞了一次竞赛，西柏林当时请了世界著名的一些建筑师，包括巴西的尼迈耶，一人一栋，非常好，用起来功能好，而且自由灵活。东柏林向苏联学习，搞了一大堆周边式的千篇一律的住宅，德国统一后在对这些住宅进行改造时,把没卫生间的加卫生间,住户面积太小的住宅就把两三家合并为一家,一栋一栋地改造。一句话,我们的建筑是给人用的,不是给人看、装样子的。你要丧失了这点,就背离了建筑的本原。何况刚才提到东柏林的那些房子,也很呆板,建筑外观能给人带来愉悦也是必须的。

采访者:如今是信息化时代,您认为信息化对建筑设计有着怎么样的影响?

王小东:信息时代的信息化对于建筑创作起着极为重要的作用。体现在两个方面,一个是建筑本身的参数,就是作为建筑物本身很多的因素综合考虑,再一个就是对于世界变化信息的掌握。1996年威尼斯建筑双年展的主题词是"建筑师犹如地震仪"。意思就是建筑师应该很敏感,他应该能感觉到世界上的变化和需求。像我一开始所说的,如果现在我们对医院的了解,还局限在20世纪五六十年代行吗?你不去学习,不去掌握医院设计的最新变化和信息,怎么去设计医院?现在我国出现了不少专门设计医疗建筑的事务所,这是个好现象。建筑师不是万能的。今天做体育馆,明天做剧院,后天做医院,不可能面面俱到。所以台湾的许常吉来到大陆,做了很多医院,都比较成功。因此在将来建筑师是要分工的,同时也要靠学习掌握信息。一个团组、一个建筑团队,它是一个集体,一个成功的建筑,有时牵涉到成千上万人的努力,某一个环节出了乱子就很麻烦。所以建筑物建成后,建筑师总不满意,因为环节太多,随时可能出现问题。有一句老话:建筑艺术是一门遗憾的艺术。不像一幅画,虽然有遗憾,我还可以再画一次,建筑物失败了你还能够再盖

对喀什民居传统与现代的解读

吗？一本书，可以不出版，没人看，一首音乐可以没人听，一幅画可以不要，一个建筑盖起来，再糟糕还有人要，抢着要。信息化很重要，所以为什么我也上网、写微博、看书、看杂志，我是要知道当前很多的东西，我不了解大家所说的话，什么情况都不了解，怎么做好设计呢？

现在体育场、体育馆的设计和过去相比，根本不是一个概念了，像这次我们做乌鲁木齐体育馆，春夏秋冬都要用的，夏天可以在里面滑冰，这是过去不能想象的。还需要做室内田径场，因为乌鲁木齐冬季长而寒冷，没有室内田径场，运动员的训练比赛在室外是无法进行的，这都要根据乌鲁木齐自身的特点来做。就光这个技术，我得派人学习，我得请教人。每时每刻都有新的技术出现，很多新技术都要不断地进行学习和掌握，例如声、电、光等。过去设计厅堂音响时采用的计算混响时间、分析回声等传统方法在今天已经不适用了。这一切都要根据场所时刻变化的信息来决定。建筑技

《喀什高台民居》一书中的数字模型

术分工越来越细,而综合各种专业的信息参数就显得十分重要。尤其今天的建筑与城市进入了大数据、智慧城市的时代,建筑设计、城市规划都将纳入"数字"的动态系统,建筑设计会出现令人激动、眼花缭乱的新时代。

采访者:您认为一个好的设计团队应该有什么样的配置组合?您的工作室日后是向哪个方向发展?

王小东:我的工作室人力单薄,又在边疆,好多人才不愿意来新疆。目前的设计团队有多种,院士的工作室主要以建筑师为主,其他专业由设计院配合,我的团队不到10个人,都是建筑师。由于建筑设计日益复杂,建筑作品从某种意义上讲是一种职务产品,是很多人共同协作的结果。我只是个总指挥,制定创意战略即可。所以说一个好的成功的建筑作品,就是属于团队的,不是个人的独创,这一点特别重要。我一般在建筑学报上写文章,在我后面把参加的

1991年作为新疆建筑师代表团团长访问吉尔吉斯斯坦及乌兹别克斯坦

人的名字全部都写上,不能说就是我的了,它是一个团队职务的综合产品,你只不过是总负责人、总设计、建筑专业的负责人。

  1994年克拉玛依大火的那个俱乐部是我们设计院设计的。听到消息后我连夜组织人员检查图纸,没有什么问题我才放心了。第二天上面派人把图纸拿走了。如果我们设计有问题,我这个院长是要受到问责甚至刑事处理的。另外像这次央视大楼的大火的原因是保温板超过燃点。上海大火也是保温板着火。当然事后应该处理这个问题,但根本问题应该往更高层上找,因为我们国家对全球作出了节能和控制碳排放量的承诺,把建筑节能的指标压给各级地方政府,简单地用最便宜但易着火的聚氨酯和聚苯板,就算完成节能减排任务了,结果留下了很多隐患。其实"节能建筑不节能"的现象普遍存着。外墙保温好了,冬天热了就开窗,暖气片也不会减少。耗能最重要的门窗都没得到改善,使得节能减排在一些老建筑上流于形式。我国最近几年来建筑失火事故的90%以上是这个原因。我们很多的事情搞形式主义追求指标。我个人的看法，与其改造外墙，不如换窗，因为窗户的热耗特别大，换密闭性好的窗户，现在我们窗户的缝隙都关不上，在冬天热量都跑出去，你怎么节能。我国的居住建筑的窗户外不加遮阳板。欧洲的居住建筑窗户外面就留有遮阳百叶窗的轨道。因为遮阳板必须放到窗户外面，才能发挥作用，在里面反而起副作用。如果夏季能用百叶窗的话，房间的温度能够降2~3度，如果这个房间的温度到30度的话，加上外百叶窗降到27度，那很舒服了，就不用空调了。

我自己的工作室目前来说，尽量人少一点，我想做精品，尽可能按照我的理想做些精品，我不做靠开发商来欺骗老百姓的事，对于那些过于豪华的东西，我也不做。另外我尽可能做跟民生有关系的事情，比如说喀什老城改造，我之所以耿耿于怀，人家奇怪，自己花了钱，又做了模型，又出书，干什么呢？喀什老城改造，我们获了个奖，是中国传媒奖的居住建筑特别奖。我觉得获奖还是很有意义的，它有一个最大的特点，就是奖给有利于民生的作品，是奖给站在普通老百姓立场上的作品，所以我们那个阿霍小区的改造才能获奖。

我们工作室有3个方向，第一做精品，第二做对民生有利的事情，第三做研究。最近这几年我做了些研究，对喀什老城改造的研究、喀什高台民居的保护和改造的研究、乌鲁木齐市住宅美化的研究、还有乌鲁木齐城市特色的研究、最近又完成了乌鲁木齐历史文脉和城市记忆的发掘与数字化管理这一课题。

采访者：在没有常规建筑评论的现在，如何在普通百姓中间普

1997年作为中国建筑师代表团成员访问了墨西哥、古巴及美国,这是在墨西哥提奥塔瓦干的太阳金字塔上

1998年作为新疆建筑考察团成员考察了中亚几个国家,这是在撒马尔罕

及建筑设计及开展积极的建筑评论?

王小东: 我们国家目前还没有常规的建筑评论,现在只有李沉他们几个人在做一个建筑评论的小刊物,就像读书那样的,出了两期,我看还是不错的。他们认为也必须开展建筑评论,但我们国家现在没有建筑评论,不敢评论,你只能说这个建筑好,那个建筑好,你敢说谁不好吗?

我们国家的建筑评论很难展开,原因就是大家都说好话,不能批评。而且有些人对建筑评论有偏见,你说我不好,你又不是建筑师,你给我做一个看看。我国就缺乏像美国的赫克斯特伯尔、美国的查尔斯·詹克斯这样的建筑评论家。

采访者: 您是如何看待大规模城市化进程的?您认为人们需要什么样的城市化,需要什么样的城市?

王小东: 城镇化的问题,可以从两方面说。第一,应该控制特大城市的规模。这可以采取多中心、或者城市带,甚至于设立一些卫星城市等措施,想办法来压缩城市人口,不能这样盲目的"摊大

1998年作为新疆建筑考察团成员考察了中亚几个国家,这是乌兹别克斯坦的希瓦古城

饼",这样摊下去,城市人口过多,带来的问题副作用就会太多,城市病增多,就变成不适宜居住的城市了。第二,就是片面追求城镇化的指标,以为指标越高就越现代化。这样就出现了被我称之为"伪城镇化"的现象。在我国当前城镇化的过程中,农民土地被征购掉,但并没有解决农民的就业、受教育问题,产业结构也未转化,农民仍然还是农民,只不过是我把你的地买了,甚至给你分五套房子、六套房子,你当出租公,这不叫城镇化。因为城镇化本身是由工业发展、社会的发展、产业结构的调整所带动的。农村人口过剩,但其他产业都需要劳动力、需要技工、需要人才,所以农民进入城市,实现产业结构的调整、职业的调整。在城镇化过程中,首先要提高人们的就业技艺,促进文化水平的提高、就业岗位的落实,以及社会配套设施的完善,这样才是真正的城镇化。并不是说建了那么多高楼就城镇化了,如果是这样的话,瑞士就没城镇化。前年我从法国巴黎出发,坐车经过瑞士到罗马,有几座高楼大厦,都是2、3层的楼房,难道他们没现代化了吗?所以在工程院的会上我也在说,根子是土地财政,房价上涨的根子在政府和房地产商推波助

1996年参加在巴黎举办的"中国建筑展",8位建筑师参展,我是其中之一

澜。政府把一亩地卖得那么贵,房地产商他怎么办,他只有转嫁给用户。另外,城镇化过程中,要避免粗暴地强行介入,要尊重每个城镇的自然、历史、地理环境、民俗风情、文脉。而现在是千篇一律,甚至在喀什搞什么深圳城、广州城。要提高真正的城镇化的质量,按照本来的目的城镇化,它是一种自然形成的,不是盖了楼房就城镇化了。还有人吹外国上百年才完成的进程,我们国家20年就完成了。完成了什么?那些房子很多都是空的,没人住。深圳农民就是靠房租收入,然后打麻将、晒太阳、闲聊,这不叫城镇化。

城镇化的过程中对技工的需求量很大,严格说当前缺的不是大学生,而是高级技工。农民当不了技工,大学生又不愿意去当技工,使城镇化面临危机。所以现在有人说,一个技术工人的工资比大学生高,这是应该的,因为社会需要大量技工,现在这样的人太缺乏了。咱们国家这些年来,有一个很大的问题,追求形式、急于求成、讲究表面。我总觉得要实实在在地做点事情,不要弄虚作假,不要欺骗老百姓,不要糊弄人,建筑师应该真正地遵守职业准则的底线。尽量的去做。我个人能做到,但是很多人他没法做,形

1999年作为中国建筑师代表团成员参加了在柏林举办的"中德建筑城市研讨会",会后途经罗马,在万神庙合影

势所迫,他总要吃饭,总要挣工资吧,这是一个综合型的社会现象,要解决可能还要等。社会在发展进步,在这点上我算是乐观主义者,不太悲观。我总觉得人类社会还是一代一代地在进步,最后也许就达到我说的那个阶段了:一个普通的工人和总统在一起,从内心里面感觉到,两个人是平等的。我们建筑师也是这样,让每一个人、每一个建筑物都能比较有尊严,不要给人一种压迫感使人感到渺小。

今天,我们在城镇化的过程中,建筑的很多细微之处都很粗糙。真正的技工、技师很少,细节更无人关心。举例说,很多人在装修住宅时,所有的插座没一个合适的,设计施工时根本不动脑子,高处放一个插座,够都够不着,该放插座的不放,不该放的连上放上好几个。厨房设计图中水池和炉灶位置随便一放,有了就行。在20世纪80年代我就知道,外国的酒店设计中,插座的高度都要研究,要调查酒店一个服务员管几个房间,管多少个房间,包括你弯腰的次数,都有工作量的调查,所以吸尘器的插座,刚好做到稍微弯腰就能插上,不要蹲下去。他们已经研究到这个深度了,相比之下我们的设计和施工太粗糙了。

第 7 章

院士印象

王小东先生小记

刘谞

《建筑院士访谈录——王小东》即将成书，王小东先生嘱我写些生活交往二三录，这对我来说是件十分严肃与困难的事。因为，先生经常写微博，"微"是对生活的热爱和敬仰，饱含了岁月的风霜烈日，其"微"不微；"博"是一种在深度与广度中的普渡，不滥而精于他所毕生钟情的建筑事业，其胸怀之"博"焉易用言语表达？

工作室

前些天拜访先生，这间办公室是从20世纪80年代到今天依然如故，桌上铺满了草图，三两只细而锐的水笔，少了些图集、画册。茶几上的兰花发出淡淡的清香，来客时总有那么多意想不到的适合各种口味的茗茶。我在这里没有见到过呵斥下属及大声的高谈阔论，只有深沉的思考、轻声的谈论，仿佛静谧的河畔传来谦谦君子诗一般的篇章。

建筑以及相关的事务占据了先生时间的全部，他用创作和思辨的方法，梳理着、解决着、完善着每天的劳作，一个完美的技术与艺术统一的结果。与来自本土的大江南北，抑或是国外的学子们，汇集在那间并不宽敞的房间里，共同分享着建筑给生活带来的美妙和创作思考的悠远，思考与创作伴随他度过富足的每天。

其实，他的工作室早已贯穿在车上、空中飞行、客房或是行走之中，于他来说，思考与创作已无所不在。工作是生活，"室"只是一个空间，而空间是无处不在的。

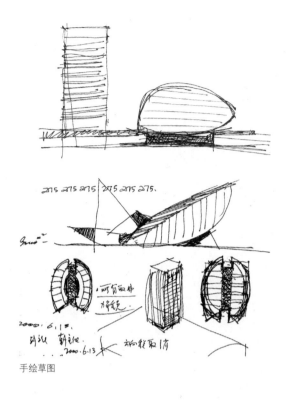

手绘草图

山居

距乌鲁木齐三十多公里的南山，山峰有终年的积雪，半山处的松涛，山脚下的草地，四季总是这样同时显现。远离喧嚣的城市，先生独立地修缮着似乎永远都不能竣工的宅院，在起初一片荒芜的土地上，种植着苹果、海棠、李子、蔬菜和各种花。先生一边快乐地下地干活，一边享受着劳动的果实。一早一晚几吨水浇灌田地，到了傍晚"拨鱼子"加杯红酒和个把小菜，山中月亮正圆，你似乎能听到星星眨眼的声音。每天必定要完成的作业——几张书法、几幅速写、几段微博，记录着他对建筑、对生活的深邃理解和冀望。

友人来访，不亦乐乎。"院士烤肉"的水平不是吹捧，那绝对方

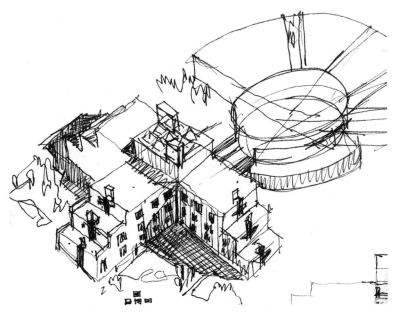
手绘草图

圆百里无人可比！这里还有一座"若岩"天文台，在西部算得上顶级的了，这个评价来自于它为整个世界天文界无偿地提供他人所需的资料与信息。

日子一天天变得厚重起来，古稀之龄的院士伴携着同样年迈且病中的爱妻，分享着属于他们共同的甘甜与快乐！

行走

先生的爱人，我的杨阿姨好久前对我说：我不懂建筑创作，好建筑总该是有阳光、看得见蓝天、通风畅快、上下楼方便、买菜也便宜、好不好看先要中用。十几年前院士疾呼寻找城里的飞鸟和月光，如今

山居的环境很好

休息日有时烧烤

越来越难以实现了。不错,建筑来到了市场,一个看似自由的平衡价格与真实价值的博弈场所,本色的职业主义加理想的社会主义精神,成为一种令人钦佩的坚守。先生倡导多元的文化寻根和"细胞繁殖","一旦成为理论,激情与创作便死亡了"、"主义、风格只是个人的把戏"、"没有永不褪色的旗帜"、"文化拯救灵魂"、"回归不是回头,而是亦行亦远的乡愁与未来的链接"。

先生是朴素的思想者,准备好的是行走的装备,疾风中俯视着山下的城郭,仰视着漫天繁星,穿行在布满荆棘的山林,下定决心不怕苦,以身引领设计的建筑,寻宝般地发掘前人被时光来不及带走的遗存和未来适应人的、时代需求的变化策略。我们在等待。

想了许久,竟无法确定题目:太多太多的往事和太重太重的分量、太久太久的行走和太深太深的感悟……王小东先生一直在挚灼地前行,顾及不上周边的风光和遍地的鲜花,大步地、散发着活力而又阳光健康地踏实脚下的土地,没有开始,更无结尾。

山居的院子

山居的花园

腹有诗书气自华　最是书香能致远

同事刘勤

我工作在一位院士的身边，每每想到这里，就觉得无比幸运和骄傲！

记得当年刚到院士工作室时，就赶上一个外省市慕名而来的甲方的工程。我们全体人员和众多甲方坐在偌大的会议室里，倾听院士的方案解析，大家都那么全神贯注，没有任何其他的声音。从建筑史到地域建筑，从总体规划到建筑色彩，方方面面都与工程本身紧密相连，环环相扣，院士娓娓道来。他浩大渊博的知识，倾泻奔腾的思维，让所有人听得入神，而我更是被震撼。虽然也从事多年建筑，但直到那时才仿佛真正被带进了一个近乎梦幻的建筑世界，让我崇拜和感动的世界！

"腹有诗书气自华，最是书香能致远。"这句话就是王院士的写照。书，应该是院士最好的伙伴，无论是他工作中，还是平日跟大家在一起的言谈举止的自然流露，都能充分显现这一点！虽然是建

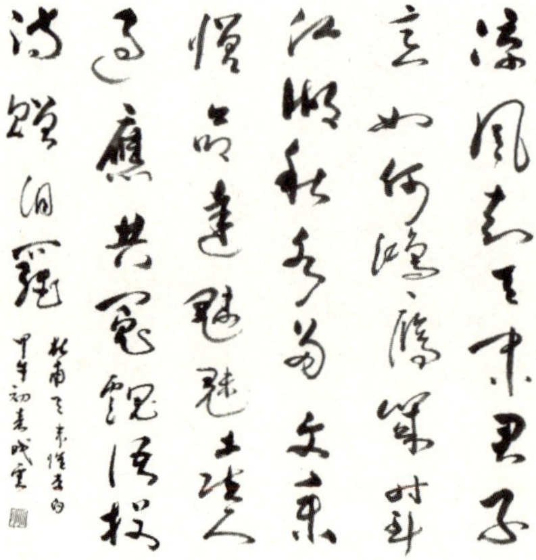

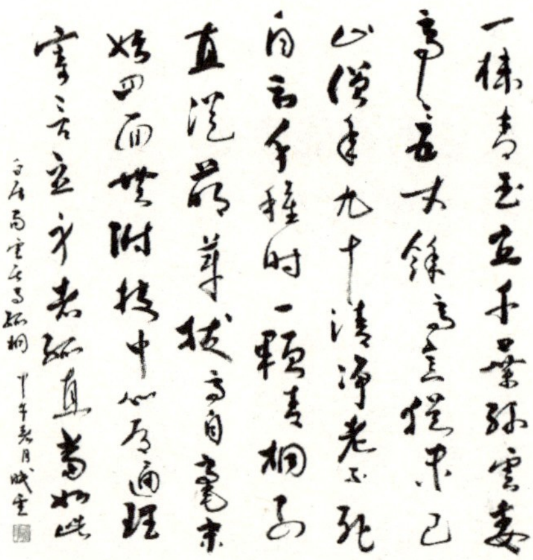

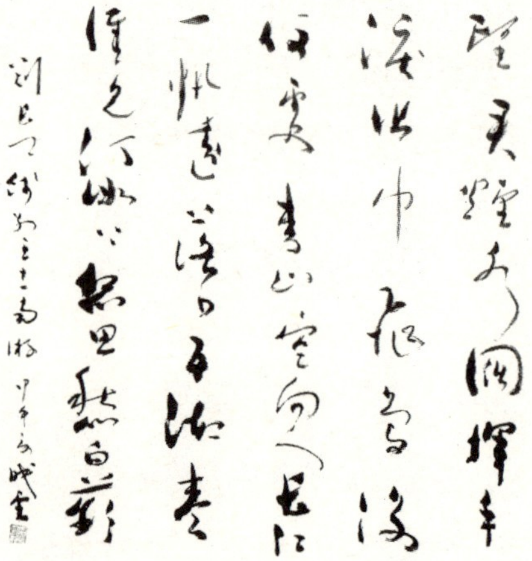

练了两年草书

山居中有一专为写字和画画

筑界大家,但他博览群书,涉猎广泛,他曾跟我们说过:知识是相通的,无论何时都要读书,因为书是思想的结晶。

院士每天的工作安排井然,到目前为止,每天坚持练习书法,每天写一篇建筑方面的博文,从不间断,如果有事耽误了,之后还会补上。院士的画作,清新唯美,出神入化。

他虽然年逾七旬,但身体健硕,精神饱满,有着很多年轻人所没有的朝气和活力!有次我们跟随他出差在外地,到了一处古塔,木质楼梯窄而昏暗,且来回环绕,让人望而生畏。正当大家犹豫不决上不上时,院士已箭步上前,没有多余言语,我们逐个尾随,气喘吁吁爬到塔顶,这时远眺,才顿觉豁然开朗!

院士热爱摄影,总能用他独特的视角抓拍到别人看不到的东西;他的歌声悠扬,不管是他年轻时代时的苏联歌曲,还是委婉的现代民谣,用他有磁性的男中音都演绎得娓娓动听;院士自喻为"快乐的老农",在南山的小院里种下苹果、山楂、番茄、辣椒,还有朵朵鲜花。

有时也画一些新疆风情的钢笔画

院士的工作和生活

学生 胡方鹏

非常有幸能师从王小东先生,先生做事执着,走遍全世界各地的伊斯兰国家,对研究伊斯兰建筑有自己独特的见解。其中对新疆喀什民居研究超过30年,有大量照片印证着维吾尔族民居的变化,对于新疆维吾尔族的建筑和城市布局有自己的研究成果,对于新疆维吾尔族的建筑和城市布局的保护有高度的责任感。每一次与王老师的学术探讨,都能感受到他的睿智与对问题的独到见解,而且先生严谨的治学精神也深深地激励着我,使我在求学期间不敢有丝毫的懈怠。

在近三年的学习生活中,我还常常在周末的时候到先生家蹭饭,品尝先生高超的烹饪手艺,王先生的家常菜做得比较地道,经常做几个拿手好菜,如炒牛肚、西红柿炒蛋、红烧肉等,然后打电话叫我和杨亮去品尝。吃菜当然要喝酒,先生好酒,家中存有许多年份久远的当地酒,先生每晚必喝两小杯酒,用来养身。先生还有

"若岩天文台"所照的"玫瑰星云"

烤羊肉串的绝活，我们把它叫作"院士烤肉"，先生常用来招待客人。我们建议先生去开饭馆，认为先生如果不从事建筑行业，也是一个非常优秀的厨师。先生经常出差，吃遍全国各地的美食，常把吃过的美食用手机拍照，然后存到手机里。在我们的印象里，先生不仅是院士还是个美食家。

我心中的王院士

同事　帕孜来提

自我参加工作以来就在王小东院士工作室，与王院士一同共事，如今已有六个年头了。

与王院士第一次接触是在 2007 年暑假。我当时在新疆维吾尔自治区建筑设计院实习，很幸运地认识了王小东院士。在我的印象当中，他是一位非常和蔼可亲的前辈，第一次接触时，对我的鼓励和支持，就给我很亲切的感觉。当时，我还不在王小东工作室实习。出于一个偶然的机会，我出于好奇之心，想到王小东工作室看看这

2010年在乌鲁木齐的南山买了一座"山居",既是休息,也是工作、写写画画的好去处

山居的客厅很大，来客也不少

山居的第3层是有名的"若岩天文台"

2000年建筑理论和创作委员在丽江开会

里的工作氛围和状态。那是一个周末,王院士跟几位前辈正一起讨论一个非常复杂而又很有趣的项目,王院士见到我后,直接把我叫了进来,通过简单的自我介绍和项目熟悉以后,我便直接进入到这个项目的讨论中。王院士以及各位前辈正用非常巧妙的方法在研究推敲一个总体规划,整个讨论过程既轻松又很有成效。王院士推敲方案的思路及复杂问题的解决方案很独特,很具有创新性,思维开阔,更具有很强的操作性。作为一名刚毕业的本科生,我觉得相对于其他知识,这种创新性的思维模式和解决问题的思路及方法,是王院士深深吸引我的地方。大家多说创新是年轻人的强项,但我觉得创新其实是热爱学习、热爱思考、热爱本职工作及具有奉献精神的人的强项,而王院士正好印证了这一点。这一切的一切都对我后面的工作、学习和生活有着太多太多的启发和指导作用。

王院士最大的优点是热爱学习,他每天都会读书、思考、看报

在西安建大的工作室和研究生们在一起

在西安建大和研究生们在校园

纸，看各种杂志，期刊，不断地吸收新的信息和最新的理论知识，不断地充实着自己，完善着自己，始终走在时代的前沿。自从有了微博王院士每天都会发布一些消息，把自己的人生感悟写进去，并且和大家分享最先进理论、知识和技术。

  2008年我刚参加工作就有幸参加喀什老城区改造项目的研究工作。王院士亲自指导我们的调研、研究、收集资料、制作文本等工作。一直到2010年我们开始对阿霍小区30户进行了一对一的设计，在测量、入户、设计过程当中我们遇到了很多困难和问题，身为项

2014年元月17日,工作室的同事给我过生日

目的专业负责和设计人,每一个细节都决定着项目最终的好坏,我感受到了巨大的压力,生怕项目无法顺利进行并完成。但是,在王院士大力的支持、真诚的鼓励、耐心的指导下,整个团队克服了重重困难,巧妙地解决了所遇到的各种难题,最终项目进展顺利,并取得了很好的成效,在当地老百姓中取得了很好评价,我们的团队协作及解决问题的能力有了大幅度地提升。

王小东院士是我的授业恩师

学生 宋辉

我是2007年毕业于西安建筑科技大学并留校任教的,在此之

法国巴黎贝勒维勒建筑学院的学生在王小东工作室实习（2010-2012）

前，对于王小东先生的尊敬始终停留在"新疆国际大巴扎"的建筑作品中，因为那时的我着迷于建筑内部复杂空间的变化，而对于大巴扎这样通过外部空间塑造完成城市地标的建筑设计理念，多少有些迷茫，但却充满好奇。也就在这一年，西安建筑科技大学王先生成立了"王小东院士工作室"，一个偶然的机会，我有幸成为王先生的助理人选，这才开始与先生近距离的接触。

2010年我正式考取博士，投入先生门下。时至今日，我庆幸自己能有这样的机缘追随这样一位大师。

1. 敬仰先生的学术风范

王先生从1963年毕业，以对建筑设计的热情，选择在建筑设计创作的第一线，一直长期从事建筑设计和建筑理论研究工作。除了

2008年在参加了中国建筑学会建筑大奖的评选后合影

大家所熟知的那些优秀的建筑作品外，先生一直坚持实践与理论相结合，无论再忙，都会在每个作品完成后都有理论的总结，阐释自己的创作理念，这些创作理念都在《西部建筑行脚》一书中有所总结。我曾经问过先生，这种学术意识是如何培养的，先生只是淡淡地说：“习惯”。是啊，也正是因为这种习惯，先生从20个世纪80年代开始一直致力于喀什民居的保护与改造研究，尝试多种方法解决传统民居在现代社会环境下的适应问题，提出针对民居改造建筑师与住户"一对一"的设计理念，做到真正意义上的住户参与，现已在喀什的阿霍街区试点完成。2009年联合国教科文组织驻京代表处的文化遗产项目官员卡贝丝等赴喀什考察时，指出这种设计理念具有示范性。从2009年开始，又开展了"高台民居的抗震改造与风貌

在斯里兰卡班达那奈克会议大厦前合影

保护"的研究工作,并出版了《喀什高台民居》一书。如今,我的博士论文选题是"新疆喀什高台聚落营造经验及现代适应性模式研究",也是喀什民居相关研究工作的一个延续。

除此而外,面对城市的千篇一律,近年来,先生还致力于城市特色问题的研究。早在2007年,他就已经开展"新疆乌鲁木齐城市特色"研究,已经完成数字化管理和历史图舆、城市记忆,以及城市特色理论框架的建构等研究。这些在国内城市的研究尚属首例,提高了人们对于城市记忆的关注度,促进了城市特色数字化研究的开展,引起同行的共识和高度重视。

曾经有人问过先生 :"你作为西部建筑师,是如何做到让自己的建筑作品体现新疆地域特色的?"先生如是回答 :"如果把我放在其

2007年作为中国建筑师代表团团长参加了亚建协在斯里兰卡举行的理事会

他地区，我依然能够设计出体现当地特色的建筑。"先生以自己的建筑作品，向人们诠释特定地区建筑设计的地域性表现，把握现代城市建筑的发展脉搏，高瞻远瞩地提出保留城市特色发展的建筑设计方法。我作为先生的学生，备受启发；作为建筑教育工作者，我更觉得先生的思想就是我引路的明灯，指引我的教育和科研方向。

2. 领略先生的为师之道

先生在 20 世纪七八十年代，就开始关注国外的建筑大师，例如 Hassan Fathy、Geoffrey Bawa、Charles Correa 等杰出的建筑师，并已将其作品陆续整理发表，供大家共同学习讨论。这种睿智和敏锐的学术嗅觉，让人感动。现如今，更是将自己所遇到、看到的和知道的知识传授给我们，使我们领略到他日积月累的深厚知识功底。在先生的书柜里光随身携带的速写本，都是一沓又一沓、一摞又一摞的，我曾经问过先生："有多少这样的本子？"先生回答："不知道，应该不少吧"。我就想起了那句话，人的悟性很重要，但勤奋更重要，你们要多看书、多读书。我读博后，先生给我的第一建议就是关于读书，那时先生说我作为年轻人一定要注意多接受一些知

在斯里兰卡参观杰弗里.巴瓦的龙干尕庄园

识,要看除了专业书籍外其他书,比如《世界是平的》、海德格尔的《筑·居·思》等培养自己的哲学思想,还有《时代周刊》、《人物》、《环球》等杂志,了解国内外动态。这样,才能与时俱进,才能有敏锐的观察力和正确的判断力。

坚守、乐观、不畏艰难是先生治学和处世的态度,也是教给我们的品格。先生以细致的观察时刻关注学生,关心学生生活和思想的方方面面。有一次,我因为工作的挫折迷茫、失落,怀疑自己的工作能力,否定自己教育观点,在日志里发表了名为"无语"的短文。第二天,先生看到后专门给我电话说:"调整心态、天塌不下来,过两天你来新疆。"当时我就泪如雨下,先生的这种情怀,令我今生难忘。

3. 感慨先生的生活情趣

先生曾经教育过我:"性格决定命运,细节决定成败。"先生就是这样一个注重细节的人,建筑作品中小到栏杆,建筑环境中的小品、雕塑设计,都是亲力亲为。生活中更是如此,栽花、做饭样样精通。有口福的我们,经常去先生家蹭吃蹭喝,戏称为"院士牌"砂锅

2005年在伊斯坦布尔世界建筑师大会上接受国际建协主席颁发"罗伯特·马修"奖证书及奖章

牛肚、抓饭、大盘鸡、烤肉等菜品都是先生"杰作"。先生也曾说过要会做饭，才能懂生活，要会生活才能更好地工作。现在南山下先生家的小院种满了各色花果，争奇斗艳，甚是令人怀念，先生也以"农夫"自称，这样的浪漫情怀唯有先生了。

现在先生除了工作和看书外，也上微信、登QQ、看网页新闻，和很多年轻人一样，玩手机日志，展示自己的生活。我甚至不敢相信七十多岁的先生在电子网络的世界里竟然如此游刃有余。先生的这种不落伍、不保守、与时俱进的性格，值得我终生敬仰。

我心中的王小东老师

学生 刘静

时光飞逝，转眼已经博士毕业已经两年了，很多人都说读博期间是人生最痛苦的几年，但是对于我来讲却恰恰相反。我读博士

2005年获国际建协"罗伯特·马修"奖（改善人类居住环境奖）

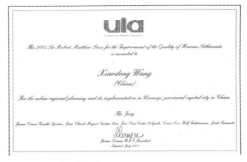

"罗伯特·马修"奖证书

的四年是我最快乐的四年，这是因为我有一位好老师——王小东院士，他不仅是我的老师，更是我的亲人。所以我不想用过多华丽的、形容老师的辞藻去形容王老师，我只想用简单的语言讲讲我的心里话。

在我眼里王老师不单单是一位老师，更是一个学者、一位智者，相处期间随时可以感受到他睿智的目光、博学的气度、坦然的心态。王老师教于我的不仅是知识，更多是态度。他最常说的一句话是"世界是平的"，我也许永远不会像他那样学识聪敏和渊博，更难以像他那样取得最高的荣誉和持久的声望，但是我更多的想学习王老师的是也能有同他一样坦诚的心，去追求，去奋斗。用一颗平常的心对待这个虚华的社会。

王老师大学毕业时主动请求到新疆工作，50余年来一直坚持在边疆从事建筑创作实践及其理论研究，是我国在新疆地域建筑设计和理论研究方面的学术和技术带头人，多年来的理论与实践经验的

2005年获"第四届梁思成建筑奖"

总结,王老师实现了当代新疆建筑中伊斯兰文化和现代文化理念、现代建筑技术和材料的完美结合。他经常说作为一个建筑师有义务、有职责真正地为社会作贡献,真正为百姓服务。他提倡建筑应当有文化、有个性,认为提高整个社会的文化素质和建筑师本人的素质非常重要,建筑师应是学者型的人,尊重人、尊重社会、尊重环境使建筑能够和人、社会、环境协调对话。王老师非常关注城市建筑与人和环境自然和谐发展的问题,尤其在2008年汶川地震之后,他更是忧心忡忡,整夜整夜地不能入睡,一直在思考喀什老城的发展问题。喀什老城位于新疆地震频繁发生的地区,当地民居生活条件非常简陋,虽然他们的房屋空间布局和内部装饰都很好,但远远达不到今天的抗震结构安全和居民疏散要求。王老师一直在研究如何在保护民族文化建筑风貌不改变的情况下对喀什地区建筑进行抗震改造设计,在四川汶川经历了严重的地震后,加强房屋的抗震性能以保证居民的安全及疏散问题就显得更加重要。王老师在地

2007年在西安建筑科技大学参加当年毕业研究生的学位授予典礼

震之后多次前往喀什与当地政府商讨改造对策，与设计人员深入老城区一起进行调研，针对这个地区的民族地域特点，提出"尊重人、尊重社会、尊重历史、尊重环境"的先进改造理念，在保证新修房屋抗震设防烈度达到8.5度的安全性要求的基础上，保持原民居风貌，居民以就地返迁为主，住户参与设计。反对千篇一律的做法，因地制宜、以人为本，把具体问题做大做深。真正做到了在高密度居住条件下的民居一户一设计，这也是建筑史上前所未有的。王老师以自己的实际行动证明了他是一位真真正正的人民建筑师。

我在读博期间正好参与了喀什老城改造项目，多少日日夜夜看到老师为喀什的问题紧皱眉头，多次看到老师看着老城的照片陷入沉思。跟随王老师去喀什老城考察，事无巨细他都要亲自去现场查看，一位七十岁的老人在喀什的烈日下步行数公里，从建筑结构到门窗安装，他都要现场确认是否符合居民生活习惯，建筑风貌是否改变等等。每到现场王老师都会详细的给我讲解：为什么要这样

钢笔画《刀郎人的编织空间》（2014年）

设计？用了哪些材料？哪些材料是旧物利用，这样做的好处如何，居民生活习惯……那时候我的感觉并不是一个老师在教授自己的学生，而是一位父亲在传授知识给自己的子女。这也是我这四年为什么快乐的原因，因为我一直是在和亲人相处，和亲人学习。大多数人博士毕业时是庆祝自己顺利毕业，而我毕业时虽然高兴但更多的是遗憾，遗憾我将再不能有更多的时间跟随在王老师身边学习，他以一个智者平常心一直教育着我，而我还没有完全跟上老师的步伐就要毕业离开。所以毕业这两年来虽然我远在东南，但是我时刻记挂着王老师，而不是单纯的节日时候的问候。

最后还想说一件事情，是我今生最难忘的。那是2009年年初，我刚入学的第一个寒假，我与王老师在建大的助理宋辉老师一起去乌鲁木齐，那是我们第一次去乌鲁木齐。冬天的乌鲁木齐真地很冷很冷，出门15分钟都能冻得头皮发麻。王老师说我们第一次来乌鲁木齐，所以他专门带我们去了红山公园看雪景。刚下完雪天气很冷，零下20多度王老师带我们再外面走了两个多小时，站在山顶给我们介绍乌鲁木齐。第二天王老师就病了。这件事让我们很内疚，更让我们感动。

我的老师

学生 谢洋

我有幸能师从王小东先生，不仅使我从一名稚嫩的学生逐渐走近了职业建筑师的生活，也促使我最终选择了建筑学教育这个职业，同时也让我一直尽情地享受着长辈的"溺爱"。

2010年盛夏,王老师的助手将我从乌鲁木齐的机场直接接到"山居"的家中,这是我平生第一次踏上这片神秘而又神奇的土地。想到他扎根新疆近50年的建筑创作生涯和众多知名建筑作品,心中不由得对先生产生了一种既崇敬而又神秘的感觉。又想到他是国内外知名的专家,心想他家里一定阔气豪华与众不同。就这样我怀着忐忑不安的心情,乘车来到了先生天山脚下的"山居"。走进院子,迎面而来的波斯菊和枝头的苹果,顿时让我的心情放松了很多。推开"山居"的门,映入眼帘的与我想象的完全不同。房间的装饰很简单,左边是客厅,右边放了一张很大的桌子,上面有两台电脑和一些书籍,还有几摞厚厚的没有完成的书稿,先生正坐在藤椅上聚精会神的边看边修改着。听到声音,他抬起头来,面带微笑热情迎我进来,询问路上是否顺利,像是久未见的亲人一样。他爷爷般和蔼可亲的态度、爽朗的笑声,立即打消了我紧张的情绪,拉近了我们之间的距离。

我成为先生的学生时,作为中国工程院院士的他已是位古稀老人,退居二线担任新疆建筑设计研究院名誉院长。一般人在这个年岁都是该在家颐养天年,尽享天伦之乐的时候,而他仍奋战在工作的第一线。作为新疆城市建设和建筑文化的守护者,他正在主持喀什高台民居的抗震改造与风貌保护和乌鲁木齐城市特色研究两个课题。在这以后一个多月与先生朝夕相处学习的时间里,先生渊博的知识、睿智的思维、宽厚的为人、开阔的视野,以及像年轻人一样的工作热情令我深深的折服。同时先生严谨的治学精神以及对生活的细微观察和热情,也使我在今后的学习生活中不敢有丝毫的懈怠并且受益匪浅,激励我前行。与王老师每一次的学术探讨,我都能感受到他的睿智以及对问题的独到见解，尤其是先生对于新疆维吾尔族建筑研究和创作、城市规划和特色的研究和保护以及历史文化的传承和创新所具有的高度社会责任感，让我从更高的层次认识到了作为一名建筑师的责任和态度。

从我成为先生学生的那天起，先生无论是对喀什高台民居的保护、乌鲁木齐城市特色研究和历史文脉的数字化管理等课题研究，还是绘画、书法等基本素养的保持和提高，抑或是打理花草、提高厨艺等等，这些生活中的点点滴滴，无不透露着先生对于工作和生活的执着。他时时刻刻都在用实际行动潜移默化地告诉我如何对待学习、工作和生活，如何才能做一名合格的建筑师和建筑教育工作者。先生经常对我说的一句话是："城市的任何环节都可以深入地研究下去，就怕我们不去关心和重视它们"。在我学习和工作中遇到挫折和困难时，这句话和先生对高台民居不同时间同一角度的一幅幅钢笔画，成为一直激励着我，让我努力前行的动力。

先生虽然被我们尊称为"老爷子"，可思想观念并不老。对于各种高科技产品和新鲜事物，他不仅欣然接受，而且应用熟练，很多时候连我们年轻人都自愧不如。先生的这种对于创新的追求和敏锐，也无时无刻不体现在他在建筑创作中对于时代性和永恒变化的追求，以及各种新型建筑材料的使用上。

先生在强调变化是永恒的同时，又极其尊重历史与文化，并教导我要挖掘其深层次的内涵，而非只注重表面现象。因此先生一直强调，建筑创作不宜形成固定理论，否则就会僵化。

如对喀什高台民居的保护，先生更强调其时空变化和当地居民的真实感受，强调伊斯兰建筑广泛的适应性；对刀郎民居的保护，先生则强调将其建造方法——编织艺术作为非物质文化遗产传承下去；对乌鲁木齐历史文脉的保护，先生更注重城市的整体性和文脉疏理后对城市规划和建设的引导。先生这种历史文化的整体观，让我的学习从视点变成了视野，能够更加深刻和客观的认知城市和建筑。

  先生虽然大部分时间都在新疆，不能面授知识给我，但他却几乎每天通过微博等网络形式，将他最新的研究成果和对城市、建筑的感悟教授于我。之前我并没有在意，可几年之后的今天我突然觉得，正是这种从游为引的方式和用心，延续着他对我们的关爱。而我也确实通过每天阅读先生的微博在专业上逐渐成熟起来，对城市与建筑文化有了更深的理解。